大展好書　好書大展
品嘗好書　冠群可期

大展好書　好書大展
品嘗好書　冠群可期

唐豪文叢 3

行健齋隨筆
唐豪太極少林考

唐豪 著

大展出版社有限公司

前言

本工作室收集到一份一九五九年一月二十六日出版的《體育報》（今《中國體育報》），上面刊登了唐豪先生逝世的消息，全文如下：

本報訊　國家體委運動技術委員會委員唐豪同志，在一九五九年一月二十日因患支氣管炎哮喘呼吸衰竭不幸逝世。享年六十三歲。

一月二十三日上午十時，國家體委在嘉興寺舉行了公祭。會上由國家體委副主任黃中同志代表機關全體同志獻花圈，運動技術委員會副主任王任山同志介紹了唐豪同志的生前事蹟。參加公祭的有唐豪同志的生前親友和國家體委機關的一百多人。公祭後已移靈八寶山安葬。

唐豪同志曾多年從事司法及教育工作。一九一九年參加上海救國十人團積極宣傳抗日；一九二七年受國民黨迫害逃往日本留學，回國後仍積極參加愛國活動。一九三二年在上海法政大學，在黨的領導下從事學生運動；五卅慘案大遊行被推選爲法律委員會副委員長。並曾爲「七君子」史良等同志在法庭進行法律辯護，與國民黨反共法律作了多年政治鬥爭。解放後歷任上海市公安局法律顧問，華東檢察署調研室主任，華東行政委員會政法委員會委員，和中華人民共和國體育運動委員會委員等職，並於一九五四年當選爲上海市人民代表。

從這份報導對唐豪先生四十年人生經歷的追述上，人們看不出這位「國家體委運動委員會委員」同「體育運動技術」（更不要說「武術」了）之間，存在哪怕一絲一毫的聯繫，這眞是令人費解！一代學人傾心從事的學術和他學術生涯的華彩樂章，竟被上述三九三字由權威部門發

布的報導蓋棺論定，抹殺殆盡。聯想到一九四九年之後，唐豪先生早年著作大都未曾再版（吴文翰先生語）這個不爭的事實，人們有理由認為，這不僅是一個學者個人的悲哀，更是一個學科整體的悲哀。

然而，唐豪先生其人其事，是不可能被如此抹殺掉的。在這個問題上，中國武術學會委員、暨南大學教授馬明達先生有著客觀且精到的評論，馬教授說：

「我們一直爲當代武術界出現過唐豪（字范生，號棣華）先生這樣的武術家而感到慶幸，感到榮耀。他是傑出的律師，是學養宏深的文史專家，是一位富有正義感的社會活動家；同時，又是武術家，是武術史和民族體育史學科的奠基人。唐豪先生是迄今唯一一位對武術文獻和民族體育文獻做過系統料理的學者。早在半個世紀以前，唐豪先生發表的《中國武藝圖籍考》及其《補篇》，還有新中國成立後發表的《中國民

族體育圖籍考》和許多論文專著，是二十世紀武術史和民族體育的畫時代的著作，也是武術目錄學和文獻學的創軔奠基之作。由於多方面的原因，他的著作也不免有這樣那樣的疏失，這其實很正常，我們既不必爲賢者諱，也不必橫加指議，重要的是深入認識他的開拓精神和學術成就，學習他實事求是的治學態度和卓越的武術識見，把他所汲汲開創的武術學業繼承下來，並不斷加以恢宏發揚。對武術和民族體育史來說，這是科研工作的基礎，也具有重要的現實指導意義。」

「遺憾的是，唐先生所開創的武術文獻學和目錄學，在唐先生以後竟成了一門『絕學』，不但後無來者，而且連他的著作也差不多成了無人問津的塵封之物，更不要說整理出版了。這是一個耐人深思的現象。深入地探索這一現象的成因，對研究當代武術爲什麼不斷萎縮衰變而無所適從的原因，對分析武術理論不斷淺薄化的原因，肯定大有幫助。」

（馬明達《說劍叢稿》）

本工作室同仁，深以馬教授之言為然，這也是本套《唐豪文叢》之所以會編輯和出版的大背景與初衷。

唐先生的離去，至今已經快五十年了，武術史學界無論是讚成還是反對他的人，大概誰都不能無視唐豪先生的存在，潑髒水也好，唱讚歌也罷，他都是「我國現代武術史上一位繞不過去的人物」（顧元莊先生語），為學而能如此，當復何憾！

從上文《體育報》近五十年前的報導中，我們知道唐先生被「移靈八寶山安葬」。光陰荏苒，世事變遷，唐先生的墓葬是否安然不得而知，而此套叢書，就權作我們心底為唐先生再樹的一塊墓碑罷。

本書出版尚有若干事宜需同唐氏後人接洽，唐先生身後蕭條，本工作室曾多次托人尋找先生的後人唐世敏女士未果。現書數語，留此存

照，以為日後聯繫之憑證也。

本書編輯出版得金仁霖、林子清、吳文翰、顧元莊諸位先生大力協助，謹此致謝。

瀚海工作室

序

略知太極拳史和武術史的人士，對唐豪先生必不陌生。

唐豪（一八九七—一九五九），字范生，號棣華，江蘇省吳縣人。幼年家貧，十餘歲時即失學到上海謀生，得從山東省德州名拳師劉震南生生學習六合拳。後任上海尚公小學校長，即將武術列為教學內容。在去日本學習政法期間兼習柔道與劈刺。

回國後，應中央國術館館長張之江先生的邀請任編審處處長。在此期間曾多次赴湖北省武當山、河南省少林寺、溫縣陳家溝等地考察，著文闡明少林拳始於達摩，太極拳源於張三丰都是後人附會之說，在武術

界及太極拳界影響很大。

一九四九年新中國成立後，唐先生曾任華東政法委員會委員。一九五五年調國家體委任顧問，專心研究中國武術史和體育史，主編《中國體育史參考資料》，計八輯。一九五九年因病逝世。

唐豪先生是我國武術史學科、太極拳史學科先驅者，二十世紀三十年代他在中央國術館任職時，就大力提倡研究武術要科學化，主張發展質樸實用的傳統武術，反對花拳繡腿式的虛假套路。

他在《武藝叢書・自序》中聲稱：「武術界中……以口頭或著作廣傳其荒誕的、邪魔的、神秘的謬論，毒害了中國一部分人的思想與行動。」為了反對這些不良傾向，他自一九三〇年即投入中國武術史的研究之中，先後選成《手臂餘談》、《太極拳與內家拳》、《少林武當考》、《內家拳的研究》、《戚繼光拳經》、《廉讓堂太極拳譜考

釋》、《中國武藝圖籍考》等專著或論文。由於作者治學態度嚴謹，知識淵博，對中國武術史的研究取得了豐厚成就。

遺憾的是一九四九年之後，唐豪先生早年著作大都未曾再版，致使讀者有望洋興嘆之感。所幸近年山西科技出版社為了「裨益當世和後學，使我中華優秀傳統文化承傳不息」，不遺餘力地搜求、整理出版歷史上遺留下來的武術典籍，取得了可喜的成績，深受眾多讀者的讚許和歡迎。繼客歲太極拳史論家「徐震文叢」出版後，今年，又將唐豪遺作分編出版。

因為唐豪遺作比較分散，不易收集，承蒙上海金仁霖、李子清、顧元莊諸位先生大力協助，將珍藏多年的唐氏遺作獻出，共襄盛舉，「唐豪文叢」才得問世，既為武術愛好者提供了研究資料，也使唐氏遺作不致因時光遷移而湮沒。

這套叢書不是按原作面世先後順序編排，而是按內容分類，方便讀者購閱。其要目如下：

《王宗岳太極拳經》、《王宗岳陰符槍譜》、《戚繼光拳經》、《太極拳與內家拳》、《內家拳》、《少林武當考》、《少林拳術秘訣考證》、《中國武藝圖籍考》、《清代射藝叢書》、《王五公太極連環刀法》、《中國古佚劍法》、《行健齋隨筆》、《唐豪太極少林考》。

《唐豪太極少林考》中的《角觝》、《角抵半解》、《太刀》、《王寅》、《舊體育史上附會的達摩》等文，為上海林子清先生提供。林先生早年曾隨徐震先生學習武派太極拳。在他的大力協助下，山西科技出版社於二〇〇六年出版了「徐震文叢」。林先生與唐豪先生也是舊識，這次為贊助「唐豪文叢」的出版，提供了上述佚文。

太極少林考中，《中國醫療體育概況》為唐氏生前好友顧留馨先生

的哲嗣顧元莊先生提供。

繼「徐震文叢」出版之後，「唐豪文叢」也得以面世，有益於中國武術史和太極拳史的研究，這是毫無疑問的。但是由於受時代影響及掌握資料不同，唐豪先生早年提出的太極拳源於河南溫縣陳家溝陳王廷之說，當時就受到其他研究者的質疑，迄今仍有不少人士認為唐氏此說過於武斷。仁者見仁，智者見智，學術界對太極拳的起源有不同看法是可以理解的。但唐豪先生重視實地考察，認眞收集史料予以研究的樸實學風，是值得我們學習和借鑒的。

吳文翰　於北京燕居齋

行健齋隨筆

唐豪著

武藝叢書

第二輯之五

於「武藝叢書」的感言

「清算整理」，一切理論全需要「清算」，全需要「整理」的，目前，「武藝」這一部門當然也沒有例外。「武藝叢書」的產出，就是企圖負起這點任務。

把荒誕的、邪魔的、神秘的種種關於武藝的謬說，或者竟利用這謬說作煙幕，掩護自己「安身立命」企圖者們的狂言，作一度「清算」；同時還要把前代遺留下來「武藝」上的東西——合理的使它存在，不合理的要無憐惜地剔除出來，揚棄了它——作一度新的整理和估價。更要指明的是：所謂「武藝」本身在人類歷史進展上，目前以至將來的社

會，它應該佔著怎樣的位置和價值？這樣明瞭了以後，我們才能得到一個正確的，帶有科學性的實踐標準，才不至於盲目地努力，從實踐中可以更接近地證明了所謂「武藝」的價值在哪裏。

這工作是必要的！不是嗎？

《少林武當考》、《太極拳與內家拳》，這也是本叢書編著者，兩部關於「武藝」考證的著作，順便提在這裏的，就是從這兩部書裏，我們已經看得出作者過去對於「武藝」著述是怎樣的忠實，起始用了作武藝書者不會用過的方法，開了一條新路，來闡明了一切。雖然當時曾受了一些庸俗的「把勢匠」和「老古董」之流的不滿，但這又成功了什麼呢？他們除開信口說些侮蔑詆毀的亂言以外，公開論戰的文字卻沒見他們產出一篇，無疑這是「清算」引起了他們護短的羞憤而已。

我是同意范生君這工作，凡進步而有志於「武藝」研求的，如果不

甘心在一些暗昧欺騙的牛角裏摸索的同志們，一定也該同意的！

「武藝叢書」刊行起始，寫了這點文字，就算作它的「發軔禮」。

一九三五年九月九日　劉蔚天記

武藝叢書自序

為中國文人學士們所鮮於齒及的這片武藝園地，目前幾乎全面積百分之九十蔓延著亂苗的惡莠，而少有人去一顧！

身心無所寄託的我，受了蔚天兄的鼓勵，在百無聊賴的閒暇中，以二十年閱歷之所得，來做這件刈芟工作，這工作，蔚天兄賜予佳名曰「清算」。

武藝界中，鬧得頂烏煙瘴氣的，要算少林——外家、武當——內家了。他們之間，即如蔚天兄所指出的那種情形——以口頭或著作，廣播其荒誕的、邪魔的、神秘的謬說，毒害了中國一部分人的思想與行動。

這部叢書之中：

王宗岳《太極拳經》、太極拳史的研究、內家拳的研究、內家拳穴法的研究、少林派武術及其史的研究、武當派武術及其史的研究——這些，就是蔚天兄期望於吾，要吾把荒誕的、邪魔的、神秘的種種關於武藝上的謬說，或者竟利用這謬說作煙幕，掩護自己「安身立命」企圖者們的狂言，作一度清算，並抉出其眞相來。

戚繼光《拳經》、外來刀法、《王五公太極連環刀法》、《中國古佚劍法》、俞大猷《劍經》、中國槍法師派述評——這些，就是蔚天兄期望於吾，要吾將前代的武藝做一度考訂整理。

自然，不限於上舉這些，凡力所能及，將廣事搜求此類資料，一一加以考訂，使這部叢書能夠成為研究武藝的總匯。

此外，吾隨時寫下的筆記、文存，雖是些片段而沒有系統的東西，

乃為武藝上各個問題清算、整理的預備資料，故也把它列入本叢書之內。

清算、整理之後，必須要作一個結論——這個結論，就是蔚天兄所期望於吾而在其感言中說的：

「把前代遺留下來武藝上的東西—合理的使它存在，不合理的要無憐惜地剔除出來，揚棄了它——做一度新的整理和估價。更要指明的是：武藝本身在人類歷史進展上，目前以至將來的社會，它應該佔著怎樣的位置和價值？這樣明瞭了以後，我們才能得到一個正確的，帶有科學性的實踐標準，才不至於盲目地努力，從實踐中可以更接近地證明了所謂武藝的價值在哪裏。」

所以，最後吾打算歸納各種考訂過的武藝資料，來撰作一部中國武藝概論，以副蔚天兄上述這個厚望；如其環境容許的話，或者竟寫一部

內容比較充實的中國武藝綜論也未可知。

一九三六年七月一日　唐豪

行健齋隨筆　目錄

行健齋隨筆

元清二代禁漢人藏執兵器與服習武藝

元、清二代，皆以異族入主中國，故漢人藏執兵器及服習武藝，咸禁不許。《續文獻通考卷一百三十四兵》：

「元世祖中統四年二月，詔諸路置局造軍器，私造者處死。民間所有，不輸官者，與私造同。至元二十二年五月，分漢地及江南所拘弓箭、兵器為三等。本條後註：下等毀之；中等賜近居蒙古人；上等貯於庫。有行省、行院、行台者掌之，無省、院、台者達嚕噶齊輝和爾回回

居職者掌之。漢人、新附人，雖居職無所預。二十三年二月敕中外，凡漢民持鐵尺、手撾，及杖之有刃者，悉輸於官。二十六年四月，禁江南民挾弓矢，犯者籍而為兵。本條後註：臣等謹按禁漢人兵器，諸路皆然，不僅江南也。

武宗至大三年三月，申嚴漢人軍器之禁。本條後註：至泰定帝泰定二年七月，申禁漢人藏執兵仗，有軍籍者，出征則給之，還復歸於官。

英宗至治二年正月，禁漢人執兵器出獵及習武藝。

順帝三年四月，禁漢人、南人、高麗人不得執持軍器。本條後註：至五年，又申其禁。」

王先謙《東華錄雍正五年冬十一月上諭》：

「……著各省督撫，轉飭地方官，將拳棒一事，嚴予禁止，如有仍前自號教師及投師學習者，即行拿究。」

東北淪亡有年矣，日人以治朝鮮者治四省，元代不許漢人、高麗人執持軍器，今日人於朝鮮、東北亦然，關內外未亡之國民，可不怵目驚心哉！

顧亭林少林僧兵與少林寺詩

顧亭林《日知錄少林僧兵》：

「嘉靖中，少林僧月空，受都督萬表檄，禦倭於松江，其徒三十餘人，自為部伍，持鐵棒擊殺倭甚眾，皆戰死。嗚呼！能執干戈以捍疆場，則不得以其髡徒而外之矣！宋靖康時，有五台僧真寶，與其徒習武事於山中。欽宗召對便殿，命之還山，聚兵拒金。晝夜苦戰，寺舍盡焚，為金所得，誘勸百方，終不顧曰：『吾法中有口回之罪，吾既許宋皇帝以死，豈當妄言也。』怡然受戮。而德佑之末，常州有萬安僧起義

者，作詩曰：『時危聊作將，說定復為僧。』其亦有屠羊說之遺意哉！」

亭林不肯屈身異族，故雖以少林僧兵為題，而實則以宋真寶僧拒金受戮，及萬安僧作詩起義二事，煽動漢人反抗異族，今之執干戈者，不以捍疆場，但求苟安於一時，亭林亦必外之矣。又其《少林寺詩》云：「峨峨五乳峰，奕奕少林寺，海內昔橫流，立功自隋季。宏構類宸居，天衣照金織，清梵切雲霄，禪燈晃蒼翠。頗聞經律餘，多亦諳武藝，疆場有艱虞，遣之捍王事。今者何寂寥？聞矣成蕪穢！壞壁出遊蜂！空庭雊荒雉！答言新令嚴，括田任污吏，增科及寺莊，不問前朝賜。山僧闕飧粥，住守無一二，百物有盛衰，回旋儻天意。豈無材傑人？奮發起頹廢！寄語惠瑒流，勉待秦王至。」

此亭林於康熙初，至少林所為詩，寫亡國之苦痛，喚民族之覺醒，

豈徒為少林僧而發！今何時乎？讀之不能自已。

清初張恒晫私往日本教習弓箭案

前清雍正時代，日人曾聘中國武舉張恒晫往彼邦教習弓箭，其事見雍正硃批諭旨六年八月初八日、十月十七日、十一月初三日、九年六月十九日李衛奏摺。

李為雍正倚重之能員，時任浙江總督，其心機縝密，決斷果敏，往往在他人不經意處發覺重大案件—如甘鳳池等密謀革命，及張恒晫往日本私教弓箭等案。

李因浙江距離日本頗近，故時刻留意海防。某次，風聞日本招致中國人前往教習弓箭，便設法於各處出洋商船，密探消息。後探得有一蘇州余姓洋客，偶爾洩露云：日本號令征伐，一秉於將軍，不由國王主

持，因此伊國將軍，出重聘請中國人教演弓箭、藤牌，並偷買盔甲式樣。有洋商鍾覲天，久領倭照，貿易彼國，托渠帶去杭城武舉張燦若，教習弓箭，每年受銀數千兩等語。

李探得余姓客之言，深恐傳聞未確，再往別處密訪，所得情節，亦復相似。又訪得張燦若本名恒暐，住居杭城，為雍正元年中式第五名武舉。其父張彬如，曾充衛百總，原係弓箭教師。經此調查後，李猶以未得的耗，若遽爾張皇拿問，其中牽連甚眾，深恐販洋往來人多，傳至日本，激生事發，因此深藏不露。

不久，李托言治病，將曾往日本行醫之朱成章，招致到署，威以國法，曉以利害。朱乃供吐實情云：向日行醫東洋，曾治痊長崎頭目王家，因此不與其他商人一同待遇，可以自由行動，因見夷人射箭不堪，笑其無用。是年回棹時，通事傳話，囑其聘帶弓箭教師。

李又詢諸曾往日本貿易之把總柳進忠，亦云：日人不無窺伺妄念，其弓箭俱屬本地之物，盔甲亦與戲子所穿無異，近始偷出內地式樣製造等語。

經過以上諸人證實，於是一面派朱成章置貨往日本，探聽消息；一面深恐鍾觀天知風畏罪，逃往日本生事，難以弋獲。因於各處口岸，密即差人，盤詰堵截，並行杭、湖二府，將鍾及夥計沈順昌、張恒晫父張彬如、弟張琰，設法拿獲。李親自審訊，鍾對夾帶違禁物品及聘請教習事，一一供認是實，但求留其性命，情願令張父密寫家信，代為托人寄與其子恒晫，探取日人實在消耗贖罪。

至雍正九年，日人方將張及隨同之劉經先等，交與原船商人帶回，由乍浦遊擊柳進忠解到。李親加訊問，張對受聘往東教習騎射之處不承，迨帶往之劉經先面同對質，張猶不肯吐實。李以張違禁應聘外洋，

教演技藝，貪利忘本，咨部將其武舉黜革，發司嚴審，從重定擬，充發邊遠與窮披甲人為奴。

《紀效新書》卷四言：「倭賊之箭，射皆不遠，蓋箭重故也。」倭寇於明代，為戚、俞諸將剿滅，豈因此慕中國武藝，聘張恒暐往教弓箭歟？予於此重有感焉！日人善於吸收他人之長，而識與見又能得其要歸，故彼邦設施諸端，每奏殊效。近代日本，盛倡弓道，或以為處今之世，火器精利，弓矢早在廢棄，復古推行，寧非怪事？不知馬、步槍械，以瞄準為基礎。日本朝野，注重於青年軍事訓練，以完成其帝國主義侵略使命，凡體育之足以補助軍訓者，不問東西，無不努力灌注於國民，弓箭之術，正可以補助近代槍械射擊，故以體育名義，盛加提倡，其用心可謂深微矣。予十九年代張之江撰《江蘇省國術館國術師範講習所同學錄序》，嘗抒發其意，以告國人。後數年，張君唯中，著《弓箭

學大綱》，所見與予略同，然同調者猶嫌其少也。最近全運會中，雖將弓箭列入競賽，而參加者寥寥可數，此道設備，並不多費，竊願教育界，好為倡導，勿徒裝飾門面，敷衍點綴。

記日本柔道家嘉納、廣瀨、湯淺、本田

日人多習柔道，故其體力，富於持久。按柔道舊稱柔術，嘉納治五郎始易其名，蓋其主張，習者除技巧外，尤須注重於武士道勇敢、犧牲等精神訓練，此則當日嘉納環境，正處於日本民族爭自由、平等潮浪中，遂反映而為嘉納氏提倡柔道之中心思想。

日俄一役，嘉納所艱苦提倡之柔道，始得世人重視。當時戰役中之廣瀨中佐、湯淺少佐、本由海軍中佐，均為明治十八、九年嘉納門下；日俄戰爭史上，彼等所建功績，即在聳動世界耳目之旅順閉塞隊中，犧

牲自己生命，將船隻沉沒於港口，使帝俄艦隊不得出而應戰，因而將此天險攫奪到手。戰事告終，日人對於此三勇士之犧牲，咸認為柔道精神訓練產生之果，於是嘉納古調獨彈之柔道，引起朝野之注意，群起而崇尚之，遂有今日之普遍。特目前武士道之精神，已隨其社會性質之發展而異質，使赳赳桓桓之夫，自然地成為帝國主義之爪牙，不觀其最近侵略我國之戰役，又有三勇士者，馳騁疆場，最稱勇敢，迨馬革裹屍以歸，日人祀之曰「肉彈」，更取其事蹟，攝為影片，冀使國民，潛移默化，扶植其軍事冒險之策劃。嘉納今為貴族矣，苟此三肉彈而亦柔道家，則嘉納掀髯以笑，意中事也。

我國現處於帝國主義者侵略之下，提倡武術，於體育目的以外，當著眼於軍事的補助效用，然糾正習武者妖妄怪誕之觀念，灌輸其反帝意識，養成現代中國武士道之精神，爭取中國民族之自由、平等，尤為急

圖。若提倡此等武藝，過分誇張其價值，則東北、淞滬二役，大刀隊奮往直前，使三島健兒，一見刀光，即亡魂喪膽，然終不敵近代利器，卒至敗北，豈大刀無靈？不如柔道！蓋今之戰具，非原始武器所能爭勝，阿比西尼亞其前車之鑑也。況徒手之柔道哉！

哥老會傳說山東少林寺之所本

日人平山周《中國秘密社會史》載哥老會傳說：

「草寇作亂顯威風，康王下出招賢榜，招集天下眾英雄，山東有個少林寺，內有一百二十八個和尚逞英雄，眾位今來揭了榜，官封總兵把賊征，臨行鐵印賜一顆，剿賊得勝返朝廷。康王御賜功勞宴，王春美在旁起歹心，奸臣上殿巧奏本，反言少林寺內眾老僧，倘若日後把心變，我主江山屬他人。康王一聽心中畏，依歸所奏認你行。奸臣急買乾柴

草，想淨燒死不留根。火烈勇猛風又大，前無出路無救兵，眾僧跪在塵埃地，祝告諸神救難人，喜得生路來逃走，跳出火坑把數清，可憐燒死一百十一個，只得逃出十七人。」

予在北平廠肆，得乾隆戊寅金玉樓增補《萬寶全書》，其中有《邵陵棍法歌》云：

「五穀豐登出邵陵，上方長有百千僧。方數洪軍病教佛，太經累累顯神通。丟大夜叉空中舞，夜了探梅定乾坤。高祖斬蛇人觀進，回來使下定南針，有人不識風魔棍，請去山東看邵陵。

黃龍出洞一條槍，左按膝時右按膝。火焰槍處見太陽，搜山之犬兔也忙。六郎好使勒馬槍，伏虎勢真要提防。披槍勢不可當，大揮槍孩八方。左眉槍、右眉槍，換手勢使三槍。讒臣昧已王樞密，簡打好臣八大王。

夜丁出在邵陵場，一打觀音倒坐，二打巡海夜了，三打四風四章，四打八棒風魔，五打出神。第一棍孫行者大鬧天宮，一十二棍都使夭，打倒江南第一強。」

歌中所稱邵陵，即為少林，今先以歌之本身證明之。按夜叉為少林棍名，何良臣《陣記》、胡宗憲《籌海圖編》、鄭若曾《江南經略》、程沖斗《少林棍法闡宗》等書，皆有記載。歌一有「丟大夜叉空中舞」之句，歌二有「夜丁（當是叉字之訛）出在邵陵場」之句，此邵陵為少林之證一。少林棍法，托始於緊那羅卻紅軍神話，歌一有「方數洪軍病教佛」之句，唯元末有紅軍，維紅軍與少林棍神話有淵源，故此洪軍，愚斷為即是紅軍，此邵陵為少林之證二。《戚少保年譜》卷一附錄《徵兵考實》，載當時倭亂，調取天下兵勇，其所調者：

「南調湖廣土兵，廣東傜兵，廣西狼兵，四川苗兵，福建賴兵，崇

明沙兵，邵林僧兵。北調山東槍手，河南毛民，田州瓦民，北邊騎兵，北平射手。」

其中邵林僧兵，考諸當時文獻，如《籌海圖編》、《江南經略》、《倭變志》等書，均足證其即是少林僧兵，唯訛少為邵，正與《萬寶全書》訛少林為邵陵同。

哥老會傳說之山東少林寺，當本《萬寶全書》歌一「請去山東看邵陵」之句。《萬寶全書》則本諸張鼎《倭變志》，蓋《倭變志》有僧兵山東應募者，皆稱少林僧之語。

註：《邵陵棍法歌》，依《萬寶全書》原文。

擒拿手

擒拿手，即古之拿法。武師口頭常有七十二把擒拿手之語，余訪求

多師，皆無此數，蓄疑者久。近閱《江南經略》卷八上，謂有三十六拿法，三十六解法，列於使拳之家內，是則七十二把擒拿手者，拿法與解法，各有其半耳，然亦非恰恰此數也。

少林白眉棍法

程沖斗《少林棍法闡宗》，初刻於萬曆丙辰；至天啟辛酉，又與《蹶張心法》、《長槍法選》、《單刀法選》合刊行世，名曰《耕餘剩技》。今千頃堂影行之闡宗，乃萬曆丙辰刻本。周越然影印之《耕餘剩技》，乃天啟辛酉刻本，易其名曰《國術四書》；天啟辛酉刻本，多程胤萬、侯安國兩敘。

民國庚午，滬書賈徐鶴齡者，易闡宗之名為《少林白眉棍法》，末多落地梅花一勢。其法：蹲身置棍於地，以示無備，敵來取便應用。此

法粗視若巧，然易為人識破。其訣云：

「此棍死中翻活，無中生有，諸勢可變，得其巧者，方可用此法——金龍心法。」

據徐鶴齡序稱，原係錦江陳氏秘本，此勢他書所缺，故自詡為全。不知萬曆丙辰之闡宗，乃天啟辛酉《耕餘剩技》之闡宗，皆冲斗所自雕版行世，其中皆無落地梅花，可證此勢乃後人所加。

又冲斗《射史》自序，言其家世新安，徐鶴齡序，竟稱冲斗為四川人，寄籍皖省六安，蓋鈔本出於錦江陳氏，錦江為蜀省河川，徐遂以冲斗亦籍四川，可笑孰甚。按冲斗為休寧漢口人，六安乃其迎少林僧廣按號墨堂者從學之地，所謂四川也，六安也，無一不出臆度。近來書賈，往往以雜湊之書，印行射利，徐即其一也。

技擊家之縱躍術

技擊家能平地登屋，本自有之，特其高度，不如江湖術士，妄稱能縱躍數丈之誇誕違理也。《恕谷年譜》記魏秀升平地登屋事云：

「予與一二老在座。忽喝嘩如雷。問之？則秀升月下戲舞，平地一躍，遂登東室榮巔，眾賓喧也。奇哉！世傳常忠武飛上采石，信不誣矣。」

我國昔舊平屋，丈餘者已稱為高，苟縱躍之技，卓越不凡，飛登其上，亦自可能，特罕遇其人耳。《明史列傳》記張士誠養子五太子朱暹，短小精悍，能平地躍丈餘，魏秀升其流亞也，唯世傳常遇春飛上采石，則屬附會。《明史》常傳：

「……及兵薄牛渚磯。元兵陳磯上，舟距岸且三丈餘，莫能登。遇

春飛舸至。太祖麾之前。遇春應聲，奮戈直前。敵接其戈。乘勢躍而上，大呼跳蕩，元軍披靡，諸將乘之，遂拔采石。」

因遇春一躍，而拔采石，毋怪小說家視為大好題材，遂渲染此民族英雄如神也。至張學斌之徒，自言從師習藝，須躍登二丈高室，是豈人力所能？故在大滬花園獻技，於其所設梅花樁，不能平地躍登，乃為世人識破其妄耳。

《少林拳術秘訣》記麻陽滕黑子之縱躍術，言凡船桅高至三五丈者，滕聳身而躍，即登其巔。

按，是書內容，多誕妄不經，近世撐竿跳高，猶不能高躍至三五丈，況不借器物之縱躍乎？老大古國之奇聞異說，終不能使世人一見，以取信於天下，其為惑世欺人也甚明。

刀牌與劍盾

予有周獵壺拓片二，得之故宮博物院。一壺浮雕獵者，擲鏢於獸身，左挽盾而右揮劍，與執弓矢者前後搏逐，予意此後世刀牌兼鏢之祖也。又武梁祠、孝堂山漢畫石刻，有武士執劍盾戰鬥之像，則知古代行陣，劍與盾之用，實相互利賴。明茅元儀謂：

「古之言兵者必言劍，今不用於陣，以失其傳也。」

元儀不知當時士卒所習刀牌，亦為古劍法之遺，遂謂失傳，實則不過易劍以刀耳。

木刀

近世日本劍道，服習時以竹刀對擊，古則用木，其器與隱流刀法，

同於明代嘉靖間傳入中國。戚繼光《練兵實紀・手足篇》云：

「倭刀共二人一排，舞路既多，疾速為上等。次以木刀對砍，舉落疾速，不使人乘隙得犯為上等。」

古無護具，用木刀對演者，以減傷殘耳，日本自竹刀及護具發明以後，此器只供習「形」之用。然中國流傳之倭刀，今猶墨守以木刀對砍之陣法。

空相寺武僧勇藝

數年前，在本市中國書店，見明版《名山記》一書，其記熊耳山空相寺武僧勇藝云：

「澠池縣南四十里，平岡雜巘，迤邐旋盤，中忽發突，具雄廣並峙，如熊之耳然。地名吳坡，介陝州、富陽、永寧、澠池之間，當嵩華

行脈，群椒攢擁，惟二山獨窿，空相寺在西耳，達摩示寂處。僧凡三四百餘，有勇藝。少林勇藝淵藪，空相於少林合宗。」

明代少林，以棍法名天下，《名山記》雖未言空相勇藝為何？然明代人記明代目睹之事，空相武僧所習者，豈即少林之棍歟？否則，未足以言合宗也。

耿信

楊派太極拳著述，言耿信為陳長興之子者誤。考《陳氏家譜》，長興有子五，以耕字排行，曰：耕芝、耕田、耕森、耕雲、耕禮。耿信二字，與耕森、耕雲音均近，但傳長興家學者唯耕雲，其名旁譜註「拳手」一字樣，故愚以為耿信當即耕雲。楊派始祖，咸不識一丁，其子弟記載，但憑口傳，字遂轉訛矣。

紀信

楊派太極拳著述，言紀信為陳長興之子，亦誤，考《陳氏家譜》，陳季甡名旁註「拳手神妙」字樣，是紀信為季甡之訛無疑。查季甡係有恆季子，為長興侄輩。楊派始祖居陳溝甚久，習技於長興，又與季甡同時，其為何人之後，宜無不知之理，故言紀信為長興子者，苟非口傳失真，即楊門子弟以意附會之也。

蔣發

楊派太極拳著述，謂蔣發為陳長興之師，實誤。考《陳氏家譜》，長興之父秉旺名旁，註「拳手可師」字樣，則長興之技，得自家傳可知。

據陳溝村人傳說：明末，官逼民反，登封李際遇，據御寨起事。其九世祖王廷，與際遇善，往止之。不從，迨清師入關，際遇兵敗受戮，部將蔣八，亡命隱王廷處，以僕終其身。八、發音近，當是一人。王廷有遺像，旁執偃月刀侍立者，即蔣也。像原藏陳氏宗祠，王廷裔孫子明，攜以南來，予獲見之。

考《說嵩》、《少林寺志》，言土寇李際遇，據御砦為巢穴，砦與寨同。溫距登甚遙，而傳說中之人名、地名，一一吻合，則蔣之有其人非虛矣。予在陳溝時，嘗往察王廷墓碑，立於康熙己亥，與譜載王廷為明末清初人相符。

楊派始祖，但耳食蔣名，附會傳授，於是滿清開國時之蔣，竟得為中葉間之人師矣。

楊福魁與楊露禪

吳志青《國術理論概要》，言太極拳傳至河南陳長興，長興傳楊福魁、楊露禪，是以福魁、露禪為二人矣。不知露禪，福魁之字也，志青自云受學於福魁之孫澄甫，何以致誤若此？

考楊澄甫《太極拳使用法》，其祖字祿禪，又作儒禪，附而出之，以免武藝作家更訛而為四。

長刀

日本太刀，戚繼光《紀效新書》、茅元儀《武備志》、《陸桴亭文集》等，皆稱之為長刀，蓋以其形制較中國固有之刀為長也。然在日本，則長刀另有其物，一名曰薙刀，柄長如中國之偃月，古代婦女及僧

侶習用之。今日本女校之薙刀舞，即其遺風。

易筋洗髓經牛李二序之偽

易筋、洗髓二經，有牛皋、李靖序，皆偽。徐哲東《國技論略》，言牛皋序文之偽，可證者有二：

「牛皋序文中泥馬渡河之語，絕非正史事實，乃小說誕妄之言，此其作偽之證一。此序自署為紹興十二年所作，而云藏於嵩山石壁中；然高宗紹興十一年，已經將河南割歸金國，皋安得往藏於嵩山？就可云遣人往藏，亦何必藏其書於金國境內耶？此其作偽之證二。」

李序之偽，其證有六，《國技論略》可採者四，予自得其二。《國技論略》云：

「按李靖序文，末署李靖藥師甫序，據《舊唐書》靖傳，藥師乃靖

之原名，靖則後來所改，今以藥師為靖之字，其作偽之證一。序中所言虬髯又授之與予，夫虬髯之事，乃出五代杜光庭所造，其作偽之證二。又此序之末，署作序之時，為貞觀二年三月，考之《唐書》，貞觀二年三月，靖方為關內道行軍大總管，以備薛延陀，正在立功之際，而序文乃謂僅借六花小技以勳伐終，此似功成身退之後語氣，殊與實際不稱，此作偽之證三。文辭卑陋，不類唐人（此作偽之證四）。」

予所自得者：序稱達摩於後魏孝明帝太和年間，自梁適魏，查太和為孝文帝年號，前於孝明之立三十餘年，此作偽之證一。序中謬誤之年號，以及達摩所言某得吾皮，某得吾肉，某得吾骨，某得吾毛膚，惟慧可能得吾髓等語，皆出《景德傳燈錄》。夫李為一代大將，豈有不識前代年號之理？況考諸梁武帝親製震旦初祖菩提達摩大師之碑，絕無皮、肉、骨、髓、毛膚之說，則《景德傳燈錄》所載者，明明為後世釋徒附

會，安有李序，反引宋代著述之理？此作偽之證二。

《國技論略》又言：「依序所云，般剌密諦譯此二經，在於隋世，今按般剌密諦於唐武后神龍元年，曾譯《大佛頂首楞嚴經》，自神龍上溯高祖武德元年，凡八十七年，自印度來華，至少須在二十以上，然則信如序文所言，宜在一百十歲以上，有是理乎？」

此亦哲東認為作偽之證。按《大佛頂首楞嚴經》，並非譯本，謂般剌密諦譯者，乃出古人假託，予故不採是說。

註：括弧內之文字，係作者補充。

踏雪無痕

陳微明《太極劍》，述楊露禪能踏雪無痕，其事甚幻，如稗官家言。茲引之如下：

「富二爺又曰：『吾露禪師祖，喜吾勤謹，吾嘗在旁伺候，為裝旱煙。年六十餘，尚練功夫不息。偶至吾家坐談，一日，天雨，泥濘載道，師祖忽至，所著雙履，粉底尚潔白如新，無點污，此即踏雪無痕之功夫也。蓋太極清靈，能將全身提起，練到極處，實能騰空而行。班侯亦有此功夫，知者極少，吾曾親見一次。』」

以上所言，唯恐其說之不足惑人，故以親見班侯有此功夫實之，智識淺薄者流，受其所欺，即在此種地方，惜所舉者，皆為墓木已拱之人，又安從證之於地下乎？

李賓甫所遇少年

《太極劍》記李賓甫所遇少年事云：

「露禪之弟子王蘭亭，功夫極深，惜其早死。

有李賓甫者，聞係從蘭亭學，藝亦甚高，訪之者極眾，而未嘗負於人。

一日，有少年來訪，口操南音，手離几椅寸許，揚其手，几椅隨之騰起，懸於空中。賓甫見之駭然。少年欲與比試，賓甫遜謝不獲。少年進，時賓甫左手抱一小狗，僅右手與之招架，數轉之後，少年已跌於地，乃痛哭而去。」

少年之使几椅懸空，與楊露禪之能騰空而行，皆為牛頓地心引力之定律所不許，苟非妖言惑眾，我願一實驗之。

記少林被焚歲月

顧承周於其所著《少林寺及其僧徒志略》中，對於《少林拳術秘訣》所言清帝焚少林事，斷為無稽，甚是。顧因民國二十二年五月三十

一日天津《大公報》載，河南博物館動物研究部主任傅桐生，率領採集員，赴嵩山採集動植物標本，宿少林寺中，將近一月，回汴報告，稱其正殿及鼓樓均為火毀，達摩面壁石亦付焚如；又因黃易《嵩洛訪碑日記》，言於清嘉慶元年秋至少林訪碑，拜達摩血影石——即面壁石，毫未提及寺中被焚事，顧遂斷少林之焚，在嘉慶元年以後，其言固無疵也。嘉慶以後之文獻，顧未見者尚多，就予所得者補之，庶幾少林被焚之歲月及原因，曉然於世，不致誤信《少林拳術秘訣》等書假託之說矣。

少林被焚者，計：天王殿、大雄殿、緊那羅殿、六祖殿、鐘樓、鼓樓、閻王殿、龍王殿、香積廚、庫房、東禪堂、西禪堂、法堂、乾隆行宮等十餘處精華所在，悉遭火龍浩劫，不僅正殿、鼓樓而已。上述諸處其有關文獻，在康、乾間者，如顧亭林《金石文字記》、景日昣《說

嵩》、乾隆《少林寺志》、乾隆《登封縣誌》，以及未見著錄之少林碑刻，皆有記載。他日予當另著專篇引之以證清帝焚少林，實為子虛烏有。茲將嘉慶以後顧未見之文獻，錄之於次：

滿人麟見亭，以道光八年三月二十五日，代巡撫楊海梁祭中嶽，禮成，走馬至少林，觀武僧校拳。其《鴻雪因緣圖記》，有少林校拳圖，繪見亭坐緊那羅殿廊下，僧在殿前空場校技。

道光九年二月楊國楨《重修嵩山少林寺碑記》，言其於丁亥歲，詣祭中嶽，禮成之後，憩息寺中，見夫正殿雖尚完固，而東西鐘、鼓樓已漸欹傾，至御座房以及御碑亭，凋敝尤甚，乃修治之，經始於丁□秋，至戊子冬而告竣。

光緒十九年九月周元釗《重修少林寺中殿記》，碑中言：「辛卯，予來攝邑篆，始至寺，中殿（即行宮）圮毀，詢之？知為我朝高宗純皇

帝幸嵩時建，御座猶存。……乃鳩工庀材，於今年九月蕆事，規模與碧六佛殿（即六祖殿）相頡頏，甚壯觀也。」

席書錦《嵩嶽遊記》，光緒甲午春編。記中天王殿、鐘樓、鼓樓、大殿、緊那羅像、面壁石、散見秦槐、魏齊碑、唐碑、宋元明碑、初祖庵各條；初祖庵條，並言面壁石今移置寺後內閣。

民國五年七月王學之《補修少林寺緊那羅殿碑記》，言殿之山牆倒陷，廟宇傾頹，而三像宛然無恙。王君雲華，廣為籌化，鳩工庀材，不數日而朽者以固，陋者以文，廟貌巍峨，而煥然聿新。

民國十四年段之善《遊少林寺瑣記》，言在寺中遊覽前後院廊，並觀達摩面壁石。

日本昭和五年五月發行之世界《美術全集》，載有少林寺鼓樓銅圖一幀，關野貞在同書六十頁記樓之正面入口處，其左、右八角石柱上，

北方右向者，有「大德四年七月□日」刻銘，南方左向者，有「大德六年六月□日」刻銘，斷鼓樓乃大德四年至六年頃完成。查昭和五年，即民國十九年，少林被焚在其前，則關野貞至少林時，當在其發表此圖與記之前，可斷言也。

民國十九年冬，予遊少林，寺中西席牛夢玉，錄示少林被焚原因及歲月如下：

「十七年，國民軍北伐時，建國軍樊鍾秀趁勢擾其後防，打開鞏、偃二縣。旋被國民軍石友三開復。爾時，駐登封者為國民軍蘇明啟旅，樊退圍之。石追至環轅關，樊見勢不敵，詐言山南駐有重兵，石友三追至少林寺，令軍士發火，將此數千年古剎之重要殿宇，及齊魏名碑、石像，付之一炬。」

牛又錄示建國軍首領樊鍾秀與少林寺之關係云：

「十一年，樊鍾秀充河南暫編第四團團長，受吳佩孚差委，來登封收撫陳青雲、任應岐，過少林休憩，見大雄殿破壞，發心修補，因軍務倥傯，不暇及此，暫捐四百元，先作購買物料之用。寺中大眾感激，因而與樊有聯絡。」

據予調查，建國軍與國民軍交戰時，樊以少林為司令部，寺僧有陰助之嫌，故石、蘇追至寺，縱火以洩其憤。共焚兩日，時民國十七年三月十五及十六日也。予就顧說補其歲月，以為他日考信之資。

李亦畬《太極拳譜》跋

李亦畬手寫《王宗岳太極拳譜》，有跋云：

「此譜得於舞陽縣鹽店。兼積諸家講論，並參鄙見。有者甚屬寥寥，間有一二者，亦非全本，自宜珍而重之，切勿輕以予人，非私也，

知音者少，可予者其人更不多也。慎之！慎之！光緒辛巳中秋念三日，亦畬氏書。」

亦畬手寫譜，見存太極拳家郝少如處，徐哲東已錄入其行將出版之《太極拳考信錄》中。又亦畬《太極拳小序》云：「太極拳不知始自何人？」譜中亦無「武當山真仙張三丰老師遺論」等註，可證太極拳附會於張三丰，乃光緒七年以後事。

王宗岳生平行蹤之可考者，為汴、洛兩處，斯譜得自舞陽，三地同在黃河之南，地理上可為彼此參證之助。

現代俄國騎兵白刃戰具

現代俄國騎兵，以濟白刃之戰者，有刀矛二器。

予近觀影片，名曰今日之蘇聯，見紅哥薩克騎兵，演習軍刀之術，

與戚繼光《練兵實紀》馬上校腰刀之法略同。戚法：備長短棍二，植地上，一長七尺，一長三尺五寸，短棍在前，長棍在後，相去二尺。馬軍馳上，先砍短棍一刀，如馬頭，次砍長棍頂頭一刀，如敵人步軍。紅哥薩克騎兵，砍短棍與戚法同，長棍則不砍頂頭而平刃橫砍，蓋頭戴鋼盔，非砍頸部，不足以殺敵致果也。

曩見張宗昌所募白俄騎兵，馬上用長矛作近戰，其器遺國內者甚多。

美式角力

客歲，我國旅美華僑黃伯長，與菲律賓人阿魁那度，作美式角力賽於滬之聖僑其廳。陳君緒良，延予與王子平、朱文偉同往觀之。是晚競賽三合，不限時間，首合歷三刻之久，始分勝負，故得暢睹其技。

其法：摔、拿、擊俱用。摔法甚簡，以赤體肉搏，無把可持也。拿則反捩臂、腿關節，與我國之法，雖間有殊異，而原理則一。因悟武藝亦為智慧產物，人類肢體相同，其有共通之點，固無足怪。特其發展之類型，各因習尚，遂生差別，故凡有目驗者，孰為日本式角力，孰為美國式角力，一望即能審之。擊法限於用肱及頭、肩，以肱擊敵頭，以頭、肩撞敵身，此則規章使然耳。

我國徒手競技，目前提倡者，只摜跤一項，予睹美式角力後，覺我國拿法，大可使之競技化，有志者盍圖之。

竹刀

日本劍道，以革束竹四枚，謂之竹刀，作為練習之器。據松平登喜壽劍道手引言：

其發明斯物者，言人人殊，或謂長沼四郎，或謂中西忠藏，或謂長沼庄兵衛。大概言之，則在中御門天皇、後櫻町天皇——即德川十三代將軍統治時代。緣彼時習劍之場所，不如今之開放，而所習劍法，亦各抱秘密主義，故此器究為何人何時所發明？尚難確切言之也。

洪紀

近人徐哲東，涉獵頗博，所著《國技論略》，於少林僧洪記與洪紀，不能決其是否一人，此則未至少林遍考碑刻故耳。《國技論略》云：「程冲斗《少林棍法闡宗》自言：『從少林僧洪紀習棍法。』《陸桴亭文集》卷六石敬巖傳中言：『沈萃禎備兵太倉時，招致東南技勇練兵教士，敬巖應聘而來，同時來者，有曹蘭亭、趙英及少林僧洪記、洪信之屬。』此洪記與授程冲斗棍法者，不知是否一人也？」

按洪記與洪紀，實為二人。不過《陸桴亭文集》及吳修齡《手臂錄》之洪記，則為洪紀之訛也。考洪記之名，嘉靖癸未，始見於敕賜少林禪寺都提舉政公德心和尚塔墳石碣。

《手臂錄》載：「記於崇禎□，將兵擊流賊於□□，大破之，追遠遇生賊，援兵不至，終不肯退，賊益眾，奮鬥以死。」嘉靖癸未，距崇禎初，已在百年外，立碑之時，記已有相當年齡，豈有至崇禎間，猶能臨陣作戰者乎？嘉靖乙丑，少林混元三教九流圖贊碑陰題名，有洪紀之名。程沖斗言：「紀在寺，嘗為其師。」吳修齡言：「石敬巖槍、棍，得之少林僧洪記。」敬巖與沖斗為同時人，嘉靖乙丑，後於癸未四十餘年，則《手臂錄》、《陸桴亭文集》之洪記，非嘉靖癸未之洪記，乃嘉靖乙丑洪紀之訛也。

李克復

《陸桴亭文集・石敬巖傳》：

「敬巖與河南李先復同學，得梨花槍之真傳。」

程冲斗《長槍法選》：

「器名槍者，即古之丈八矛也，其法遵楊家，然未稽楊之為何時人也。《通鑑》載：宋寧宗時，有紅襖賊李全，善運鐵槍，後敗，妻楊氏謂鄭衍德等曰：『二十年梨花槍，天下無敵手。』今槍中有梨花擺頭之名，豈其人歟？豈以其藝之高而不以人廢歟？若稽實，則有望於博洽君子耳。世人尊槍為藝中之王，蓋亦以長技無逾於此，余甚慕焉！訪有河南李克復，善其技，余師之，得其法。」

李先復與李克復之籍貫同，擅技同，敬巖與冲斗又係同時，余故疑

為一人。《長槍法選》，為沖斗生前自刻傳世之作，版本絕精，李之名，似應從沖斗。

張松溪之籍貫與師承

徐哲東《國技論略》：

「《寧波府志》言張松溪鄞人，師十三老。然黃宗羲未之言。黃氏又以松溪為海鹽人，與《寧波府志》異，《少林拳術秘訣》所說又異，不知究以何說為是？然《少林拳術秘訣》既屬後出之書，且《寧波府志》係張松溪當地人所修，其說當較近實。然則張松溪師孫十三老，《寧波府志》足補黃氏之缺。至松溪之果為海鹽人，抑係鄞人？則似當從黃氏。蓋黃氏固得之王征南，征南乃松溪三傳弟子也。」

《少林拳術秘訣》，為清季煽動種族革命偽託之作，其言松溪之技

為西江派鉅子熊氏所傳，杜撰而無依據，自不可信。梨洲《王征南墓誌銘》，未言松溪籍貫，哲東乃稱黃氏以松溪為海鹽人，不知何據？查言松溪籍貫、師承者，最早惟《寧波府志》，故考信者應以此書為據。

嘉靖禦倭僧兵考

鄭若曾《江南經略僧兵首捷記》，嘉靖禦倭僧兵法名可考者：只孤舟、天真、天池、天員、月空、無極、了心、徹空、一峰、真元等十人。

張鼎《倭變志》，禦倭僧兵法名可考者：只大造化、月空、天池、一舟、玉田、太虛、性空、東明、古泉、大用、碧溪、智囊、大有、西堂、天移、古峰、了心、徹堂、一峰、真元等二十人。

顧亭林《日知錄少林僧兵》，禦倭僧兵法名可考者，只月空一人。

俞大猷《正氣堂集新建十方禪院碑》，言其自北雲中親至少林，攜宗擎、普從隨往南征。

據以上各家記載，嘉靖禦倭僧兵法名可考者，除彼此互見之外，共二十七人。《江南經略》稱為少林僧者只天池、天員二人。《倭變志》謂僧兵係山東應募者，皆稱少林僧。

俞大猷攜往南征之普從、宗擎二僧，自無可疑。其餘二十五僧，合於七十字派者，只了心一人，惟予遍考明代少林碑刻、墓碣，對於了心是否為少林僧一點？猶有可疑之處，他日予將另著專篇以明之。餘則與七十字無一相合，故二十四僧，不能證明其為少林僧。

《江南經略》記天員與月空爭為將領事，天員曰：「吾乃真少林也，爾有何所長？而欲出吾上乎？」然《倭變志》則稱月空亦為少林僧，是當時已有真假少林之爭，實則以字派考之，二人均難言為少林僧

也。《倭變志》言：僧兵持棍長七尺，重三十斤。顧亭林《日知錄》言：月空與其徒三十餘人，自為部伍，持鐵棒擊殺倭甚眾，少林以棍法名於時，若不合字派諸僧，所擅者均少林棍，則謂為少林派武僧則可，謂為少林僧則不可。

近閱顧承周《少林寺及其僧徒志略》一文，謂：「參加禦倭之少林僧，眾至數十人，為歷史事實無容討論。」對當時禦倭諸髡，一括謂之少林僧，此則與不佞愚見，微有差異者也。

形意拳鼻祖與譜

孫祿堂《形意拳學》自序，言形意拳創自達摩祖師；薛顛《形意拳術講義》，言形意拳乃岳忠武王所創。

徐哲東《國技論略》辨形意拳要論出於偽托，故認形意拳非達摩、

岳飛所創。其言云：

「形意拳家言形意拳傳自岳飛，其事殆出於依託，蓋形意拳家借岳氏以增重也。予嘗有跋《岳氏形意拳要論》一篇云：『東鹿李劍秋著形意拳初步，後附形意拳術要論十篇，乃濟源鄭濂浦得諸其鄉原作傑家者也。』吾觀其文，純為八比氣格，如要論一發端云：『從來散之必有其統也，分之必有其合也。以天壤間四面八方，紛紛者如有所屬；千頭萬緒，攘攘者自有其源。』要論二發端云：『嘗有世之論捶者，而兼論氣者矣，夫氣主於一，可分為二，所謂二者即呼吸也。呼吸，即陰陽也。』要論四發端云：『試於論身論氣之外，而進論乎梢者焉；夫梢者，身之餘緒也。』此明明習於八比者為之，而云武穆之所為，稍知文章之士，自能辨認，武士不學，乃尊信而不疑，故予為辨明之。

余意要論既非武穆所作，自可斷形意拳非岳氏之傳，達摩更無論

矣。」

八比之文，始於明初，哲東斷形意拳非達摩、岳飛所傳，其論甚是。然則形意拳究為何人發明者乎？

民二一，余游陳溝，於陳春元家借閱品三遺著，見有品三手錄《三三拳譜》一冊。三三者，內外各三合，即六合是也。譜有《六合十大要序》一篇，其序云：

「聞之子不語力，固尚德不尚力，然夾谷必用司馬，且曰：『吾門有由，惡不入於耳。』是武備亦不可少，於是顧身家，保性命，有拳尚焉。

拳之類不一，其端不知創自何人？惟六合出於山西龍鳳姬先生。先生，明末人也。精槍法，人呼為神。先生謂：『吾處亂世，執槍衛身則可，若處平世，兵刃消滅，倘遇不測，何以禦之？』於是變槍為拳，理

會一本，形散萬珠，拳名六合，前後各有六勢——一本者何？心之靈也；萬殊者何？形之變也；六合者：心與意合，氣與力合，筋與骨合，手與足合，肘與膝合，肩與膝合，肩與胯合，是謂六合；前後各六勢，一勢變為十二勢，十二勢仍歸一勢，有剛柔之分，有精粗之妙。但習藝者以能閃為妙，不知此拳有捷法。以走為妙，（不知此拳）有追法。（以□□為妙，不知此拳）有封閉法。動不見形，形一動不及封閉，即能走、能閃、能封閉，能禦於晝，不能禦於夜，唯六合有開（□），有捷法，雖猝不及防，不見不聞，亦應之有餘。

習六合者亦不同，傳之未嘗不同，學者各得其偏，是以愈傳愈謬耳。余從學鄭氏，得姬氏傳，雖未臻佳境，而稍得其詳。分為十則，以誨弟子，不敢云能接姬氏薪傳也。」

讀序所云云，則知形意原名六合，為明末山西姬龍鳳所發明，他譜

稱隆風者已訛。即其勢法，亦與今傳者有異，觀序及目錄便知。惜春元將品三著錄諸稿，秘私不以公開，謹許借鈔其序，及目錄、題記，否則收諸武藝叢書中，亦可考訂他譜之有無沿訛也。其目錄如下：

一曰雙手。二曰拳經總序。三曰解法必用。四曰手足妙用。五曰錦囊。六曰短手。七曰十九問答。八曰六合十大要序——一、三節；二、五行；三、四梢；四、身法；五、手法；六、步法；七、上法；八、截法；九、三性調養法；十、內勁。九曰總打。十曰十二上法。十一曰虎撲鷹捉。十二曰易筋經貫氣訣。十三曰心意拳論。十四曰法式。十五曰筋法論。十六曰起落論。十七曰七十二拿法。十八曰總論。十九曰穴門。二十曰生死擒拿手。二十一曰擒手。二十二曰不宜打處。

題記如左：

總打之後，有雍正十三年正月新安王自誠，乾隆十九年七月汝洲王

琛琳，乾隆四十四年十月汝洲馬定振，雍正十一年三月河南府李失名等字樣題記。

註：括弧內之文字，係作者補充。

無極拳

拳派之號稱武當者：曰內家，曰太極，曰形意，曰八卦，曰無極。

武當丹士張三丰，古時假託而附會為鼻祖者，始則內家拳，其言出黃梨洲《王征南墓志銘》，繼則太極拳，其言出有清末葉太極拳譜註。至民國，八卦、形意、無極始競附焉，且多標榜為內家。

張三丰一夢而精技擊之說，尊而信之者，其常識可謂幼稚之至。至標榜為內家，則尤未深考彼此練法與打法不同。或以為太極、形意等拳，其用內勁，皆相貫通，遂皆稱之曰內家。夫內家拳之用勁，為黃梨

洲父子所未言，即與此諸拳同矣，若練法、打法不同，亦不得混為一物。

近有閻阜山人廖子玉者，著《無極拳通論》，與河北呂一素合編《無極拳譜圖說》，售價三元六角，於民國二十四年十二月出版。抱道氏序其書云：「此藝係北平李先生所傳，為張三豐最後之組織，與太極、八卦合為一部大道者也。」

以余觀之，太極、八卦兩家拳法，前清季年，盛行於舊都，此公眼紅耳熱，名其自創手法曰無極，蓋欲使人信其勝於太極、八卦，誘人從遊，借此以飽囊橐也。序所謂與太極、八卦合為一部大道者，其即山人一部生財之大道乎！

郭五與郭武

程沖斗《耕餘剩技・單刀法選》：

「器名單刀，以雙手用一刀也，其技擅自倭奴。……有浙師劉雲峰者，得倭之真傳。不吝授余，頗盡壼奧。時南北皆聞郭五刀名，後親訪之，然較之劉，則劉之妙，又勝於郭多矣。」

同書侯安國敘：

「家居時，每喜觀少林寺僧之舞棍者，勇士郭武，演其棍法為刀法，變化尤精，余尤喜習觀之。」

兩名見於一書，侯、程皆言其善刀，豈侯安國以五字為不文，易而名之曰武歟？文人好雅，而不傳信，往往有此也。

武備集稿張某棍法

予於蘇州文學山房見道光長水散人寫本《武備集稿》，書中有棍法四冊，錄程冲斗《少林棍法闡宗》，後附張某棍法，散人題記云：

「錄此書成，適有教師張某來觀，因演其所習三十二勢，似與此書相合，獨惜不能編說耳，乃圖而附錄於後，俟明乎此者察焉。」

程沖斗《少林棍法闡宗・問答篇》云：

「或問曰：『今攻少林棍者不乏人，然多不同者，豈人有異師？師有異教乎？』余曰：『教本一源，但世遠人乖，授者尚奇好異，或以此路頭而混彼路尾，或以彼路尾，而雜於此路中，甚至一路分為二路，惑世誣人，博名射利，予深扼腕，特為標真。』」

觀《武備集稿》張棍名色、圖勢，與沖斗少林棍法雖有相同之處，然其中仙人過橋、仙人大坐、燕子酌水三勢，皆屬拳法。棍中夾二起腳，為少林所無，是張棍當係他棍而雜少林者也。長水散人，既錄《闡宗》，何不察之歟？

甘鳳池

《中國人名大辭典》：

「甘鳳池，江寧人，少以勇聞。康熙間，官某王府。與人角力，輒勝之。手能破堅，握鉛輒化為水。年八十餘，終於家。」

考雍正硃批諭旨李衛奏摺，甘鳳池係張雲如等密謀革命一案中被捕人物。甘之武藝據李衛雍正七年十二月初二日一摺中，稱其武藝高強，煉氣粗勁，各處聞名，聲氣頗廣。又廖坤十二月廿四日一摺中，稱其素能行功練力。

甘之參加革命：據雍正七年十二月初二日一摺中，稱其曾於一念和尚事內有名，夾訊兩次，經馬逸姿開脫。

甘之學問：據雍正七年十二月初二日一摺中，稱其頗曉天文、兵

法。甘與各革命集團之關係：據雍正七年十二月初二日一摺中，稱其自負本領，人人欲得以為將帥，無不與之邀結往來。

甘之革命準備行動：據雍正八年正月十七日一摺中，稱各犯所藏書籍，多係練兵講武要術，除有舊本傳行者不論外，搜出甘鳳池隨身密帶之二本，將各省山川、關隘、險要、形勢、攻守機宜，備悉登記，並於身所到處，將方隅、遠近，逐一增注。

甘之落網：據雍正七年十二月初二日一摺中，李衛奏稱託言臣子欲學弓力武藝，將甘鳳池父子再三設法羅致署中所誘獲。

《中國人名大辭典》所載甘鳳池事蹟，係據清朝《耆獻類徵初編》。其握鉛錫化為水，手非熔爐，理所不許。甘為一革命家，辭典不取官書可信者纂錄，亦悖謬甚矣。

許禹生於民十出版之《太極拳勢圖解》中稱征南之後百年始有甘鳳

池，又指甘為太極拳南派人士，皆出杜撰。盲從之者，有民十九出版之姜容樵、姚馥春《太極拳講義》，民二十出版之吳圖南《科學化的國術太極拳》等書，豈武藝作家，不以競張空虛為恥者乎？

陳氏家譜

余游陳溝時，得《陳氏家譜》一冊，封面題同治十二年癸酉新正潁川氏宗派一函。內自始祖起至十九世止，凡配偶、子嗣、流遷、仕宦，均有記載。

第十六頁註：至此以上乾隆十九年譜序，以下道光二年接修。十二頁九世祖王庭旁註：又名奏庭，明末武庠生，清初文庠生。在山東，名手，掃蕩群匪千餘人。陳氏拳手刀槍創始之人也。天生豪傑，有戰大刀可考。二十頁十二世善志旁註：拳頭可師。二十一頁十二世繼夏旁註：

拳手可師。二十二頁十一世光印旁註：拳手可師。二十三頁十二世甲第旁註：拳手可師。二十七頁十一世正如旁註：拳師最好。十二世節旁註：拳最好。十三世公兆旁註：拳師最好。二十八頁十二世敬柏旁註：拳手可師。十三世大興旁註：拳可師。三十六頁十三世秉壬、秉旺旁註：拳手可師。十四世長興旁註：拳師。十五世耕雲旁註：拳手。四十五頁十三世公兆旁重註：拳手可師，大家。十四世有恆旁註：拳手大家。有本旁註：拳手最高，教侄出眾。十五世伯甡、仲甡、季甡旁註：此三人拳術最優，仲甡、季甡旁合注神手二字。十四世巽旁註：拳手可師。四十六頁鵬旁註：拳手可師。五十一頁十五世仲甡旁註：武生，文武皆全；季甡旁註：拳手神妙；二人名下又合注拳師神妙。十六世垚旁註：武生。淼垚下合註：拳師最優。鑫旁註：文武皆通。末有我高曾祖父皆文兼拳最優森批字樣。此太極拳源流最可考信之直接史料也。

王來咸拳法

《中國人名大辭典》：

「王來咸，鄞人，字征南，習少林拳法，傳餘姚黃百家。」

然於黃百家則云：

「百家喜拳法，學於王來咸，盡得其傳，有內家拳法。」

考百家《內家拳法》及其父梨洲《王征南墓誌銘》，均言征南所習者為內家拳，絕無少林拳之說。同見於一書，而彼此大相徑庭，足徵編纂者之疏於考訂矣。

少林拳

少林僧雖亦習拳，然以棍名，而不以拳名，此讀俞大猷《正氣堂

集》、戚繼光《紀效新書》、何良臣《陣記》、茅元儀《武備志》、吳殳《手臂錄》便知。新都程宗猷冲斗，遊少林者前後閱十餘載，於萬曆四十四年丙辰，著《少林棍法闡宗》，其《問答篇》有云：

「或問曰：『棍尚少林，今寺僧多攻拳而不攻棍者何也？』余曰：『少林棍名夜叉，乃緊那羅王之聖傳，至今稱為無上菩提矣；而拳猶未盛行海內，今專攻於拳者，欲使與棍同登彼岸也。』」

距冲斗著《闡宗》之二十餘年，土寇據御砦，寺僧多流散。康、乾之間，廟貌雖復，因雍正諭禁漢人習武，寺僧遂諱莫如深。道光八年，滿人麟慶奉命祭中嶽，至少林，欲觀寺僧演技，主者猶不敢遽諾，鴻雪《因緣圖記》，曾載其事，故少林拳術，不能如棍之累代專門，成為正法眼藏。

黃梨洲《王征南墓誌銘》中，稱少林拳勇名天下；唐荊川《峨眉道

人拳歌》中，稱少林拳法世所稱，皆耳食之談，蓋梨洲文人，荊川雖知武，而於嘉靖三十九年庚申逝世，嘉靖在萬曆之前，考諸冲斗闡宗，少林拳法，彼時尚未與棍同登彼岸，從知荊川亦不知少林派武術之究為何物也。今人奉《易筋經》、《少林拳術秘訣》等偽託諸書，競張空虛，源流且不知，遑云能知其術矣。

陳卜非太極拳祖

予於張三丰為太極拳鼻祖，嘗闢其妄。遊陳溝時，獲見陳品三《引蒙入路》及太極拳圖畫講義稿本——《太極拳圖畫講義》，今易名為《陳氏太極拳圖說》，已出版矣。——自序，謂太極拳係其始祖卜所發明，其說如左：

「洪武七年，始祖卜，耕讀之餘，而以陰陽開合運轉周身者教子孫

以消化飲食之法，理根太極，故名曰太極拳。」

太極拳之傳，出自陳溝，今陳卜發明太極拳之說，出自其子孫，宜可取信於世矣。而實則不然。今從陳卜墓碑考之，碑云：

「溫邑東十里許陳家溝，由來久矣。相傳我祖諱卜，洪武初年，來自洪洞，定居於茲，迄今已十三世。凡我同姓，繩繩不絕，或貿易為務，或耕耘為業，實繁有徒，其膾炙人口，炳炳足稱者，獨詩書傳家，誦讀不輟，子若孫入鄉學者有人，入國學者有人，應一命受一職享天家之賜，建功於民社者又有人。借非吾始祖積德於前，植基孔固，我輩安能有此今日乎！木本水源之思，疇得無情，因以為序，勒之於石，用垂不朽。」

右碑立於康熙五十年辛卯，係其十世孫庚所撰。其紹述先人者，只我祖諱卜，洪武初年，來自洪洞，定居於茲，寥寥十六字，且亦出諸傳

說，則陳氏始祖之事蹟、文獻實無足徵也。品三後於卜者十六世，自序所云，不徒墓碑所未載，族譜亦未錄，自出杜撰。

張三手以一夢而精技擊，其妄不足論。陳品三雖為陳溝太極拳家，然言其始祖卜發明太極拳，無徵勿信，不得以其子孫所言，而遂附從之。

少林僧字派

少林《釋氏源流五家宗派世譜定祖圖序碑》，載元初福裕禪師立曹洞宗七十字輩曰：「福慧智子覺，了本圓可悟，周洪普廣宗，道慶同玄祖，清淨真如海，湛寂淳貞素，德行永延恒，妙體常堅固，心朗照山深，性明鑒崇祚，衷正善禧祥，謹慤原濟度，雪庭為導師，引汝歸鉉路。」自元代迄今，少林僧取名，皆不越此。惟第十九字輩，少林碑刻

僧名，有作本字玄者，有加金旁作鉉者，其亦五行之說，中於髡徒歟？

禪門日誦少林七十字輩略異，第四字作自，第十二字作宏，第四十四字作幽，第五十一字作裏。第五十八字作願，第六十八字作皈，第六十九字作元，義雖較通，然考諸元以來少林碑刻，所載僧名，悉與《釋氏源流五家宗派世譜定祖圖序》相符，是禪門日誦不同諸字，當係通人竄改者也。予以近日武藝著述，多稱托於少林僧徒，揭其字輩，使世能辨焉。

少林武僧

少林武僧，著稱於北齊者，有稠禪師。《太平廣記》九十引紀聞及《朝野僉載》，言其能躍首至梁，引重千鈞，拳捷驍武，動駭物聽。

唐代武僧著稱者：有善護、志操、惠瑒、曇宗、普惠、明嵩、靈

憲、普勝、智守、道廣、智興、滿、豐等十三人，與寺眾翻轘州城執王世充侄仁則歸唐，曇宗爵大將軍，其事蹟見開元十一年《少林寺賜田牒》，及開元十六年裴漼《少林寺碑》。

明代武僧著稱者：有悟須、周友、周參、洪轉、洪紀、洪信、普從、普使、廣按、宗擎、宗想、宗岱、道宗、道法、慶盤、慶餘、同賀、鉉清等十八人。悟須號匾囤，嘗救人苗夷中，苗夷人尊而神之，其事蹟見隆慶三年杜欒《匾囤禪師行實碑》，及程冲斗《少林棍法闡宗》。周友，嘗應調征雲南，僧俗徒眾千外，其事蹟見嘉靖二十七年《友公三奇和尚塔銘》。周參，嘉靖中率僧兵五十，應調征師尚詔，其事蹟見萬曆三年《參公竺方和尚塔銘》。洪轉為少林棍法宗匠，著《夢綠堂槍法》；洪紀，於崇禎間擊流賊戰死，其事蹟見《少林棍法闡宗》及吳修齡《手臂錄》。洪信之名，見《陸桴亭文集‧石敬巖傳》。普

從、宗擎，從俞大猷南征，習荊楚長劍，其技十步一人，千里不留行，事蹟見《正氣堂集》。普使征戰有功，見天啟乙丑《使公塔銘》。廣按、宗想、宗岱之名，見《少林棍法闡宗》。

康熙十六年焦欽寵《凝然改公禪師碑》，其間隙處，刻有閣部楊思昌提清，奉旨征討山西、胡廣、河南等處地方，提取少林寺武僧守備道宗、道法、慶盤、慶餘、同賀、鉉清等字樣。鉉清號雲堂，余得其遺像，其上題有康熙九年洛陽令吳源起所撰小傳，與凝然碑吻合。碑文思字，為嗣字之訛；胡字，為湖字之訛。

民國九年，土匪悍首朱保成、牛邦、孫天章、段洪濤，聚眾犯鞏縣魯莊。少林僧恒林，時為本區保衛團團總，會偃師十四、十五兩區，鞏縣九區民團，與朱等戰於少林西鐵子坪，破之，得槍甚多，藏於寺。十二年秋，恒林物故，其弟子妙興繼為住持。嗣張玉山奉吳佩孚命，在登

封收編湖北第一師別動隊，其第一旅旅長盧耀堂，覬覦少林槍枝，諷妙興出，歸伊編制，任為第一團團長，直奉戰後，妙興隨盧旅開駐鄭州，旋調舞陽攻土匪陣亡。恒林、妙興皆擅技擊。

唐代少林武僧人數

《賜田牒》後十三僧題名，善護之上，有上座僧三字；志操之上，有寺主僧三字；惠瑒之上，有都維那僧四字；曇宗之上，有大將軍僧四字；以下八僧，其上皆有同立功僧四字。葉封《嵩陽石刻集記》，於靈憲、普勝、智守、道廣、智興、滿、豐七僧名上，皆略同立功僧四字，王昶《金石萃編》因之，書無句讀，遂難辨別。顧承周《少林寺及其僧徒志略》，將滿、豐二僧，合為一人，謂：「現考此牒所載，僅有十二人」，此則失在未見原碑耳。

予未至少林閱原牌以前，於《集記》、《賜田牒》僧名，亦苦其不能讀，從知金石文字，可資考古，不能以其文字贅累，遂加刪削，應以存真為貴。

易筋洗髓二經之作者

世傳易筋、洗髓二經，出自達摩，蓋由李靖一序而來。序云：「達摩大師自梁適魏，面壁於少林寺，迨九年功畢，示化葬熊耳山卻，乃攜隻履西歸。去後，面壁處碑砌，壞於風雨，寺僧重修之，得一石函，雖無封鎖，而百計不得開。有慧可徒曰：『是必膠漆之固也。』熔蠟滿注，遂解。眾視，乃藏密經二帖：一名洗髓，一名易筋。」

李序偽，則二經亦偽，蓋假託失其根據也。李序之偽，予與徐哲東已詳論之，然則二經作者，究為何如人乎？其內容不啻已明示我人矣。

書中配合陰陽說：

「天地一大陰陽也，陰陽相交，而後生萬物。人身一小陰陽也，陰陽相交，而後無百病。此一陰一陽互用之妙，內而氣血交融，自然無病，無病則壯，其理分明。然此行功，亦借陰陽交配之義，是亦外助盜天地盜萬物之玄機也。凡行此功，始信卻病，凡人身中，其陽衰者多犯痿弱虛憊之疾，宜用童女或少婦，三進氣以助之，蓋女子外陰而內陽，借其陽以助其衰，誠為至理。若陽盛陰衰，多犯火病，宜用童子或少男，三進氣以消之，蓋男子外陽而內陰，借其陰以制其盛，亦是玄機，以是補助，豈止無病。行此功者，則從其便，以童男女相兼用之，令其陰陽和暢，真乃玄之又玄，妙之又妙，聖神功用，自臻極致。」

書中下部行功法：

「行此功夫，其法在兩處：一在睾丸，一在玉莖。在睾丸：曰攢，

曰掙，曰揉，曰搓，曰拍。在玉莖：曰咽，曰洗，曰握，曰束，曰養，曰閉。以上十一字，除咽、洗束、養外，餘七字用手行功，皆自輕至重，自鬆至緊，自勉至安，周而復始，不記遍數，日行六香三次，百日成功，則其氣充盛，超越萬物。凡攢、掙、搓、握六字，皆手行之，漸次至重。若咽氣，初行之始，先吸氣一口，以意消息，咽下送至胸；再吸一口，送至臍；又吸一口，送至下部行功處，然後乃行攢、掙等功。握字功要努氣至頂為得力，日以為常。洗者用藥水，逐日燙洗，洗有二意，一取和血氣，一取蒼老皮膚。束字功畢，洗畢用軟帛作繩，束其莖根，鬆緊適宜，取其常伸不屈之意。養者功成物壯，鏖戰勝人，是其本分，猶恐其嫩，先用舊鼎，時或養之，養者謂安閒溫養，切勿馳騁多戰，方能無敵。功行百日，久之益佳，弱者強，柔者剛，縮者長，病者康，居然偉丈夫也，若木石鐵槌，吾何惴哉？以之鏖戰，泥水探玄，可

以得珠；以之求嗣，則百斯男，吾不知天地間更有何藥復加於是？此功此法，信受者實乃宿契也，豈小補哉。」

右皆採補御女邪說，惟道家房中術有之，余故疑是書為羽流所作。

武禹襄

孫祿堂《太極拳學・自序》，言其拳受自郝為真，為真受自李亦畬，亦畬受自武禹讓。

予所獲馬同文《太極拳譜》，其中載李亦畬《太極拳小序》。自言：學太極拳於其母舅武氏，武氏之名，作禹襄而不作禹讓。

又見徐哲東《太極拳譜理董》稿本，所引亦畬手鈔《太極拳譜》，亦作禹襄，則祿堂之訛襄為讓甚明。

《朝鮮武藝叢書》

《朝鮮武藝叢書》，一名《御定武藝圖譜通志》，《來青閣二十四年書目》載之，共四卷，附諺解一卷。

書中戚繼光武藝圖譜，精晰詳明，我國坊本《紀效新書》，視之遠有遜色，取以考訂戚氏武藝無更善於是書者矣。當時索值百金，以價昂，未果購。

客歲，編《戚繼光拳經》，因坊本圖訣，皆只二十四，《圖書集成・戎政典・拳搏》，只載戚氏三十二勢訣，而無圖可稽；日人平山潛，寬政間校刻之《紀效新書》，雖據明本，除可資訂正誤字外，圖訣亦只二十有四，與坊本無異；時人金一明三十二勢長拳，其練功圖二十四，採自《紀效新書》，八圖出於偽造，至上下二路三十二勢長拳演練

法，完全杜撰，並非戚氏之傳，故均無考訂價值。

以此，予益重朝鮮武藝叢書，乃決意往購，肆主告予，已為某圖書館購去。詢以館名、地址？皆所不知。始悔失之交臂，不知他日能再見以償考訂之願否？

陳王廷遺詩

陳溝陳王廷，明末清初人。遺有長短句一首，載《陳氏世傳太極拳術》者云：

「歎當年，披堅執銳，掃蕩群氛，幾次顛險，蒙恩賜枉徒然；到而今，年老殘喘，只落得黃庭一卷隨身伴，悶來時造拳，忙來時耕田，趁餘閒，教下些弟子兒孫成龍成虎任方便。欠官糧早完，要私債即還，驕諂勿用，忍讓為先；人人道我憨，人人道我顛；常洗耳，不彈冠，笑殺

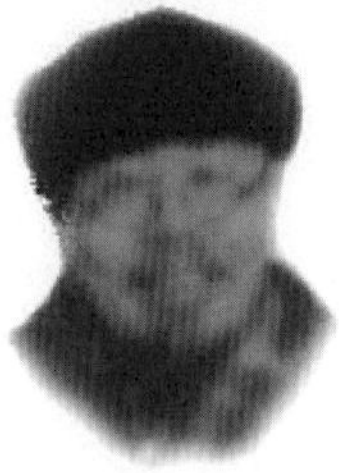

那萬戶諸侯，兢兢業業，不如俺心中常舒泰，名利總不貪，參透機關，識破邯鄲，陶情於□□，盤桓乎□□，成也無干，敗也無干，誰是神仙？我是神仙。」

載《陳氏太極拳圖說》者，蒙恩賜枉徒然之枉字，作罔。陶情於□□，盤桓乎□□，上句缺文作漁水，下句缺文作山川。成也無干之成字，作興。敗也無干之敗字，作廢。廢也無干下，多「若得個世境安康，恬淡如常，不忮不求，哪管他世態炎涼，成也無關，敗也無關」等句，語近贅累，當非原作，疑著此書之陳品三所加也。誰是神仙？我是神仙兩句，作不是神仙，誰是神仙？」

陳溝《長拳譜》

予於陳溝陳省三處，得長拳譜如左：

「懶紮衣立勢高強。丟下腿出步單鞭。七星拳手足相顧。探馬拳太祖傳留。當頭炮勢衝人怕。中單鞭誰敢當先。跨虎勢那移發腳。拗步勢手腳和便。獸頭勢如牌挨進。拋架子短當休延。孤身炮下帶著翻花舞袖。拗鸞肘上連著左右紅拳。玉女攢梭。倒騎龍。連珠炮打的是猛將雄兵。猿猴看果誰敢偷，鐵樣將軍也難走。高四平乃封腳套子。小神拳使火焰攢心。斬手炮打一個順鸞藏肘。窩裏炮打一個井攔直入。庇身拳吊打指襠勢。臁揭膝。金雞獨立。朝陽起鼓。護心拳專降快腿。拈肘勢逼退英雄。喝一聲小擒休走。拿鷹捉兔硬開弓。下插勢閃驚巧取。倒插勢誰人敢攻。朝陽手遍身防腿。一條鞭打進不忙。懸腳勢誘彼輕進。騎馬勢衝來敢當。一霎步往裏就蹉。抹眉紅蓋世無雙。下海擒龍。上山伏虎。野馬分鬃。張飛擂鼓。雁翅勢穿莊一腿。劈來腳入步連心。雀地龍按下，朝天鐙立起。雞子解胸。白鵝晾翅。黑虎攔路。胡僧托鉢。燕子

銜泥。二龍戲珠賽過神槍。邱劉勢左搬右掌。鬼蹴腳補前掃轉上紅拳。霸王舉鼎。韓信埋伏。左山右山。前衝後衝。觀音獻掌。童子拜佛。翻身過海。回回指路。敬德跳澗。單鞭救主。青龍獻爪。餓馬提鈴。六封四閉。金剛搗碓。下四平秦王拔劍。存孝打虎。鍾馗服劍。佛頂珠。反堂莊。望門簪。演手紅拳。下壓手上一步封閉捉拿。往後一收，推山二掌。羅漢降龍。右轉身紅拳。右跨馬右搭袖。左搭袖回頭摟膝拗步。紮一步轉身三請客。掩手紅拳。單鳳朝陽。回頭高四平。金雞曬膀。托天叉。左搭肩。右搭肩。天王降妖。上一步鐵幡杆。下一步子胥拖鞭。上一步蒼龍擺尾。雙怕手。仙摘乳。回頭一炮。拗鸞肘。踩子二紅。仙人捧盒。夜叉探海。劉海捕蟾。玉女捧金盒。丟手。收手。刺掌。搬手。推手。直符送書。回頭閃通背。打一窩裏炮。演手紅拳。回頭左右插腳。五子轉還。鬢邊斜插兩枝花。收回去雙龍探馬。窩裏一炮誰敢當。

上一步邀手不叉。摟手一拳。推倒收回，交手可誇。招上顧下最無住，偷腳一腿吡殺。急三捶打如風快。急回頭智遠看瓜。往前收獅子抱球。展手一腳踢殺。回頭二換也不差。直攢兩拳，轉身護膝勢，當場接定，收回看肘並看花。誰敢當我大捉，立下上一步，蛟龍出水後，一打反上情莊。急三捶往前掤打。開弓射虎誰不怕。收回來馬前斬草，上一挑又代紅少。刺回接定滿天星，誰與我比並高下。」

末註：「此是長拳，惟熟習者得之耳」十六字。此拳較十三勢長數倍，誠如王宗岳所云：「長拳者，如長江大海，滔滔不絕。」

太極拳之祖

太極拳之祖，予斷為陳王廷者，其證有五：其遺詩中有悶來時造拳之句，一也。《陳氏家譜》十二頁王廷名旁註，稱其為陳氏拳手刀槍創

始之人；十六頁，有「至此以上，乾隆十九年譜序，以下道光二年接修」等字樣；王廷墓碑，立於康熙五十八年，距乾隆十九年甚近，故此項直接史料，最為可信，二也。惟遺詩及家譜，一則僅言造拳，一則僅言陳氏拳手，何由證其即為太極拳乎？查家譜三十六頁十四世長興旁，注「拳師」二字，同頁十五世耕雲旁，注「拳手」二字，陳長興、陳耕雲父子，世皆知其為太極拳專家，一也。陳溝村人，至今只學其祖傳之太極十三勢及炮捶，不學外來拳法，二也。

太極譜共有兩套，一曰長拳，一曰十三勢，見王宗岳《太極拳譜》。長拳雖已失傳，譜尚存，譜中如：七星拳手足相顧，當頭炮勢衝人怕，跨虎勢那移發腳，獸頭勢如牌挨進，朝陽手遍身防腿，邱劉勢左搬右掌，鬼蹴腳補前掃轉上紅拳等訣，完全採自《戚繼光拳經》。故太極拳之產生，應在戚繼光之後，王廷生於明末，卒於清初，尤足為予說佐證。

民國二十六年二月二十日印行
民國二十六年二月二八日發行
（定價四角）

行健齋隨筆

著者　唐豪
發行者　中國武術學會
代售處　本外埠各書局

總發行所　中國武術學會
上海薩坡賽路一九〇
電話八〇六四〇

憶唐豪

上海市體育科研所研究員
上海市武術協會主席　顧留馨

唐豪（一八九七—一九五九），字範生，江蘇省吳縣人。出生在一個窮紉工的家庭，十多歲就失學。在自學苦讀之暇，喜習武術。到上海謀生後，從劉震南學六合拳術。劉震南，山東省德州人，繼形意拳名家李存義之後，任交通大學（當時稱南洋公學）武術教師，並在上海珊家園弄內（今國際飯店後面）自設中華國技傳習所，因劉震南老師技高名重，從學者甚眾。

唐豪任上海尚公小學校長時，即以所學武術傳授給學生，並著重基本功——腰腿、跌仆、滾翻等動作的訓練，因此所練拳、械、對練套路，緊湊逼真。當時上海京劇界武生都樂於觀摩中華國技傳習所的武術表演，對尚公小學的武術表演，也同聲讚譽。

重實用　斥花假

一九二七年，唐豪因有共產黨嫌疑而被捕入獄。練形意拳和摔跤的朱國福也拜劉震南為師，與唐豪友善。朱率全家去鎮江，向江蘇省長鈕永建要求，以全家入獄來保釋唐豪。唐獲釋後，得朱等資助去日本學習政法，也學了劈刺等。歸國後，在南京任中央國術館編審處處長，積極提倡武術。

他重實用，斥花假。他訪求名家，切磋技藝。對武術技法，以實踐來進行比較，辨其優劣，決定取捨。他研究明代抗倭名將俞大猷、戚繼光、唐順之及明遺民吳殳等武術著作，重戰場實用，斥花假套路的觀

點，認為實用性的武術，今日仍應在學校、軍隊中推行，有助於保衛祖國，反抗侵略的戰爭。

唐豪在撰寫武術篇章中，始終貫徹這種觀點。他曾率領朱國福、楊法武、楊松山、朱國楨、郭世銓、張長海等摔跤家、武術家去日本考察我國武術在日本開展的情況。返國後，向武術界作報告，並在《國術統一月刊》上發表文章，號召我國武術應向實用方向發展。

1955年1月16日攝於南京西路444號唐豪在中央體委工作前參觀永年太極拳社時。右起：傅鍾文、顧留馨、楊基峨、唐豪、葉良、傅宗元

破門戶 辨眞僞

三〇年代前後，我國武術界門戶之見極深，造成「少林」、「武當」的門派之爭。當時，中央國術館內就設有少林門、武當門，各有門長，曾發生兩個門長的私下比武。語怪荒誕、穿鑿附會、仙傳、佛傳等毒素，也腐蝕著人們的思想。唐豪對此曾作了無情的揭露與有力的批判。

一九三〇年，他寫成《少林武當考》，由中央國術館發行。用大量史料來證明達摩和尚和張三手道士都不會武術，指出所謂少林拳始於印僧達摩，太極拳始於武當張三手之說，都是後人的牽強附會。當時出版的《太極拳圖解》之類的書，大多持太極拳係仙傳之說。這樣唐豪就得罪了這些書的作者們，也得罪了自以為是少林正宗、武當嫡派的某些勇

於私鬥的職業拳師。他們就策謀，對唐豪不擇手段地飽以老拳。當時有形意拳家並擅摔跤、拳擊的朱國福，人稱「神力千斤王」、屢挫洋力士、摔壞日本柔道好手宮本的王子平，贊同唐豪的考證和觀點，聞悉此舉，即從中排難解紛。

不久，唐豪離開南京，回上海執行律師業務。後來唐豪向我提到這件風波時，說：「當時幸虧有這兩位老友從中調停，才避免了一場不測之禍。」

唐豪為調查《寧波府志》和黃百家記述的松溪派

唐豪練功照

內家拳，約拳友屯溪方夢樵去寧波調查，證明「內家拳」在寧波已失傳。

唐豪為了弄清楚太極拳的來源和演變，在一九三二年一月二日，同河南溫縣陳家溝陳氏新架拳家陳子明（一九五一年卒於西安），去陳家溝實地調查。

先一日，我們同葉良在梁園飯店為唐、陳二位餞行。多天後，我收到唐豪來信說：現到汜水，無旅店，一商店有空屋留客。時遇大風霜，三天不能渡河。風稍止，急雇小舟敲冰渡黃河去陳家溝，正是舊曆年末的一天。唐豪他們在陳家溝查閱族譜、家譜、墓碑，走訪遺老，認真細緻，刨根問底，並攜回「陳氏家譜」、「陳氏家乘」，以便弄清楚陳王廷造拳的歷史。

抗日寇　練刀槍

一九三一年「九一八」事變發生後，唐豪發起組織上海國術界抗日救國會，宣傳愛國主義思想，主張抗日救亡。當時上海市國術館、精武體育會、中華武術會等所屬的武術工作者都激於義憤，踴躍地加入了這個組織。佟忠義、王子平、葉良和我，同年也參加了。從此，我與學六合拳的同學唐豪往來漸密。

一九三六，六年前後，

唐豪及夫人照

唐豪約我練習劈刺。初用日本護具以及劍、槍具，後來自創用蠟杆以棉花縫布於杆端，以粗藤條裹棉縫布來練習中國式的槍法和刀法，準備向我國軍隊推行，以助於抵抗日本的侵略。一九三六年，上海職業界救國會會員時常有被捕的，我請唐豪義務辯護，大多以救國會會員獲釋。一九三七年一月，發生了「七君子」事件，救國會的沈鈞儒等七人被以所謂「危害民國緊急治罪法」提起公訴，我和陶行知等七人也列為被告；我是保釋在外的，唐豪就是我的辯護律師之一。唐不忘宣傳劈刺，我倆去蘇州高等法院出庭時，帶去劍具和護具，探望押在看守所的沈鈞儒等六人（史良押於女看守所），他們見我倆去探望很高興，特別對我這個同樣列為被告而能去探望，更是歡笑不已，他們與我一一熱烈握手。

章乃器是練形意拳的，著有《科學化的內工拳》，他對大家說：「我和顧還是武術同道。」唐豪和我表演了劈劍，勇猛認真，並宣傳劈

刺在戰爭中的實用價值。他們都表示贊同，鄒韜奮特別大加讚賞，他表示將來也要從我學劈刺。

檢察官拿不出「罪證」

救國會案開庭日，沈鈞儒等各被告團結抗日的陳述，使檢察官無以作對，只好一味以「攘外必須安內」，政府已定措施來強辯，律師團人人氣憤。但檢察官在起訴書中把我遞交江蘇高等法院的上海各界救國聯合會早請釋放沈鈞儒等七人，團結抗日的呈文寫成我手持傳單，宣傳與三民主義不相容的言論，以及類此等的其他荒謬誣陷。

唐律師遂以「一、羅織罪名；二、無中生有；三、指鹿為馬」當庭現問檢察官對顧留馨的中傷，要檢察官當庭拿出那些證據來。檢察官窘極了。但唐律師挺立不動，一再嚴正地要檢察官拿出「罪證」來。這

時，律師團三十多人一致站起來同聲說：「啊！拿不出證據來！」法庭上空氣緊張，檢察官的身子縮下去了！隔天，上海各報刊佈此情況，讀者引為笑談。其時在美國的被告之一陶行知寫信回國給沙千里，說到檢察官對顧留馨如此任意編造罪名，在美國法學界引為笑話。

避緝捕《考證》問世

一九四一年，唐豪仍在上海當律師。汪偽警政部要緝捕他，南京玲玲食品公司經理馬燮慶接田毓榮的通知即到上海轉告唐豪，他立即攜帶史料，匿居拳友楊孝文的米店樓上，費了兩個月的工夫，寫成了《少林拳術秘訣考證》一書。《少林拳術秘訣》一九一五年由上海中華書局出版發行，重版了幾十次，影響很大。

這部書是清末留日革命人士的作品，是一部體育著作，也是一部珍

貴史料。但其中有散佈神奇的思想，什麼離開人體用氣功擊人，並偽造少林拳的歷史，流毒深廣。唐豪考證此書的目的，除了尊重歷史事實外，還著重在喚起中華民族的革命意識，以配合抗日救國的宣傳。

因為上海現代印書館的排字工人，在國民黨統治時期，曾被當做共產黨嫌疑被捕入過獄，在上海執行律師業務的唐豪為了伸張正義，曾為他們進行義務辯護，得以保釋。工人們是很感謝他的，因此這部《考證》遂迅速得到該印書館的排印，於一九四一年十二月發行。解放後，唐豪的思想有了新的提高，對此書見解也有所發展，有些見解就不同於當年了，一九五七年，他對此書曾著手進行過修改。

重氣節　發憤著書

唐家寫成此書後，觀察日偽警政部無動靜，乃回家。但不如意的

事，接踵而來，由於唐豪搜購史料，不惜重金，因此在經濟上比較拮据。夫人很賢惠，但子女多，長期來，生活十分艱苦。

唐豪印行《少林武當考》時，在書上就記有「定稿於因流離失養而犧牲的三小兒畢命之夜。一九三〇年七月十日」。

一九四一年唐豪雖是律師，但堅持民族氣節，因不願為日偽控制下的法院出庭，不接受案件，致使收入無著，生活更為艱苦。自避難回家後，唐豪發現平日收藏、拓印的武術史料，被鼠所齧。一時性急，責怪夫人沒有保管好，不料其夫人竟因此服DDT自盡而死。唐豪精神上受到極大的打擊。

不久，日本憲兵司令部又把他逮捕了。雖受鞭打，但他一口咬定，口供不變。我曾托紙業商人虞連笙進行營救。獲悉，他並無共產黨人的證據，鞭打也不重，不久就釋放了。

唐豪被釋後，很感謝友人們的營救。隨後，他由屯溪拳友方夢樵邀約，離開孤島上海遷居安徽屯溪，與沈蔭陶結婚。從一九三〇年至一九四一年，唐豪深居簡出，發憤著書。已印行的有：

一九三〇年：《太極拳與內家拳》、《少林武當考》；

一九三五年：《內家拳》；

一九三六年：《王五公太極連環刀法》、《王宗岳陰符槍譜》、《中國古佚劍法》、《戚繼光拳經》；

一九三七年：《行健齋隨筆》；

一九四〇年：《清代射藝叢書》、《中國民族體育圖籍考》、《中國武術圖籍考》、《中國武術圖籍考補篇》、《少林拳術秘訣考證》。

《中國古佚劍法》是武藝叢書第二輯之一，一九三六年八月發行；《行健齋隨筆》是武藝叢書第二輯之五，一九三七年二月發行。可見中

間還印行三種其他武術著作。年代久遠，已不能記憶，讀者見如能見告，則非常感謝。

研究武術史的拓荒者

解放後，唐豪回上海，業餘時又從事武術著作，寫成《峨眉考》數萬字。一九五五年一月，唐豪從華東政法委員會調到國家體委，研究中國體育史，主編與撰寫《中國體育史參考資料》，共八輯，他成為中國武術史和中國體育史研究的拓荒者。

他對史料的搜集甚勤，有一次給我信說：為買書已家無餘錢，這封信是最後八分郵票寄出，許多覆信只能等領工資後發出。我立即寄去郵資，希望他即將覆信發出。唐豪為寫稿、徵稿、編輯、答覆讀者來信，操勞過度，當他編完《中國古代球類運動史料初考》（即一九五九年五

月出版的《中國體育史參考資料》第七、八輯），交稿後，就病倒了。

據沈蔭陶說：「唐自知病重，但含笑說，算來我已寫了武術史、體育史有一百幾十萬字，可說『鞠躬盡瘁，死而後已』了。」一九五九年一月二十日，唐豪因哮喘症在北京逝世，安葬在八寶山革命公墓。

當時我再度受毛公之邀去廣州東山，有一個月為其家族治病、教太極拳的任務，與唐通信，討論一些武術問題。我去第二封信時，多天未有回音，我以為他病了才遲覆。返滬後，方知唐豪已故，他覆我的信在書桌上還未及寫信封。國家體委認為此信是唐豪的最後墨跡，收藏起來沒有轉給我。

唐豪死後，我數次建議出版部門出版他的遺稿，未能實現。一九六四年，我寫的《太極拳研究》將出版，為了紀念亡友，遂將唐豪遺著廉讓堂本《太極拳譜考釋》附在本書內，署名為唐豪、顧留馨編著。據人

民體育出版社的編輯同志說：唐豪的另一些遺稿曾寄給成都體院加以整理，不幸在「十年動亂」中丟失，至今杳無著落。惜哉！惜哉！

一九八五年三月於上海

唐豪太極少林考

太極拳的發展及其源流

關於太極拳的發展，兩百五十年以來可以劃分為兩個時期，前期是鴉片戰爭之前；後期是鴉片戰爭後到解放之前。前期太極拳的組成為單練的長拳和十三勢與對練的推手；後期太極拳的組成為單練的十三勢和對練的推手。

前期的長拳，乾隆年間從河南流傳到山西洪洞，改名為「通背拳」，它和另一種同名的「通背拳」具體內容不同。後期雖然也有長拳，但已經不是前期長拳的原有面貌，而是楊家十三勢的改編。後期的太極拳，傾向於發展楊家十三勢和推手，因此十三勢形成了十一個類

型，推手形成的類型更多。這許多類型，只就已知者而言，未知的擬在瞭解了它的具體內容以後另文再寫。

關於太極拳的源流，迷信的與荒唐的附會，陸續出現於後期，這是半封建半殖民地舊中國時代落後的意識形成。這種落後的意識形態，現在還殘存在某些練太極拳者的思想裏，他們或在文章上作變相的宣傳，或在口頭上作舊有的宣傳，為了不破不立，這篇文章將一一加以分析批判。

這篇文章，對於我以前的某些說法，做了若干補充。內容分為兩個母題：一、太極拳的發展；二、太極拳的源流。前一題，目的在於提供若干關於太極拳可為今用的資料；後一題，目的在於明確太極拳從群眾中來的真實源流以破變相的和舊有的附會。

一、太極拳的發展

本節分為三個子題：⑴長拳的發展；⑵十三勢的發展；⑶推手的發展。

1. 長拳的發展

凡是練過太極拳的人，幾乎都知道乾隆年間的太極拳家王宗岳在理論上的貢獻。可是他沒有把長拳的具體內容寫在他的傳譜裏，只形容了「長拳者，如長江大海滔滔不絕也」。在王宗岳之前的河南溫縣陳家溝（簡稱陳溝）《長拳譜》，它的具體內容有一百單八勢之多，各勢動作沒有一個雷同，練起來確如王宗岳形容的如同長江大海後浪趕前浪那樣滔滔不絕。

陳溝《長拳譜》與明朝戚繼光《拳經》相同的有：懶紮衣、金雞獨立、探馬拳、七星拳、倒騎龍、懸腳虛、丘劉勢、拋架子、拈肘勢、一霎步、擒拿勢、下插勢、埋伏勢、井欄直入、鬼蹴腳、指襠勢、獸頭勢、伏虎勢、高四平、倒插勢、小神拳、雀地龍、一條鞭、朝陽手、雁翅勢、跨虎勢、拗鸞肘、當頭炮、順鸞肘等二十九個勢。

陳溝《長拳譜》的歌訣完全和戚繼光《拳經》相同的有：「七星勢手足相顧（洪洞勢作拳）、丘劉勢左搬右掌（洪洞作丘捌手左扳右掌）、獸頭勢如牌挨進（洪洞作壽桃勢如牌低進）、朝陽手遍身防腿（洪洞遍作便）、跨虎勢那移發腳（洪洞那作挪）、當頭炮勢衝人怕（洪洞相同）」等句。

由此可證，長拳的編者是採取了戚繼光《拳經》三十二勢中的二十九個勢吸收到一百單八勢裏去的，否則勢名和歌訣不會彼此相同。

洪洞西鄉高公村樊一魁的長拳，他在光緒初年習於萬安鎮楊如梅及喬柏二人。樊一魁在《拳圖稿本》卷一中說：「此拳乃河南郭永福所傳」、「郭在少林寺曾受藝。」又說：「郭於乾隆年間來洪，傳於賀家莊賀懷璧。」據我親自到少林寺和陳溝去調查，少林僧既不會練長拳，也不知道有長拳，寺裏更沒有《長拳譜》。郭永福的托名少林，不說出長拳真實的來歷，可能因為少林名聲大的關係。這種隨便捏造的情況，在某些太極拳家之中可以指出許多類似的積習。

洪洞的《長拳譜》，比陳溝陳長興家傳的《長拳譜》錯別字較多，證明陳長興的家傳《長拳譜》早於郭永福的傳譜。幾乎很少有錯別字的陳溝三省堂《長拳譜》，可以判斷出它更早於陳長興家傳譜。如果長拳不是陳溝外傳，不會得有這樣的痕跡。

我在陳溝《陳氏家譜》上和《陳氏家乘》上和就地調查出來的陳長

與上承下繼的傳拳世系如下：

- 陳善志
  - 陳秉壬
  - 陳秉旺—陳長興
    - 陳耕雲
      - 陳延年
      - 陳延熙—陳發科
    - 楊福魁（楊露禪）

楊露禪在《陳氏家乘》上查出。陳延年、陳延熙和陳發科就地查出。其餘諸人在《陳氏家譜》上註有「拳師」等字樣。陳長興生於乾隆三十六年（一七七一），卒於咸豐三年（一八五三）。從陳長興的生年判斷比陳長興早兩世的陳善志可能生在王宗岳之前。另外還有一個陳溝傳拳世系，比陳善志更早一世，後面即將談到。

陳溝傳譜上抄有戚繼光《拳經》，這是陳溝《長拳譜》中二十九個勢採自戚繼光拳經的一個有力佐證。

一九一八年出版的《拳經》，其中所載的「太祖長拳三十二勢

圖」，實際上就是戚繼光《拳經》。過去有人主張陳溝長拳中的二十九個勢採自太祖長拳，這是搞錯了的，我們至今不曾發現過《太祖長拳譜》還有流傳，無從對比。

不獨陳溝長拳中二十九個勢採自戚繼光《拳經》，陳溝的《拳經總歌》（洪洞也有此歌）部分的理論也採自戚繼光《拳經》，這又是一個有力的佐證。

楊澄甫傳給陳微明的和陳微明編的長拳，基本上都根據楊家十三勢改成，具體內容和陳溝原傳的長拳不同，這兩種後期編的長拳我把它作為一個類型。

陳溝長拳，在後期已經不傳，和陳溝長拳同一類型的洪洞長拳以及楊澄甫、陳微明編的長拳，發展面都不廣。

二十多年前，我根據北平文藝閣郵寄的書目購得一本有圖的長拳譜，

存者只有五十四個勢，比陳溝和洪洞的《長拳譜》少一半，首尾都有殘缺，它殘存的圖與洪洞的圖無大差異。現在北京如有會練這套長拳的，我希望能把具體內容公開出來作為研究。

2. 十三勢的發展

陳溝傳譜裏的十三勢和戚繼光《拳經》相同的有：「懶紮衣、伏虎勢、探馬拳、懸腳虛（即二起）、獸頭勢、雀地龍、金雞獨立、朝天鐙、朝陽手、指襠勢、七星拳、跨虎勢、當頭炮」等勢。以陳溝傳譜中的《拳經總歌》、《長拳譜》、《十三勢譜》和所抄的戚繼光《拳經》綜合起來考察，證明這些相同的拳勢也同樣採自戚繼光《拳經》。

根據陳、楊、武、孫四家的記載以及實地調查，從陳溝一系發展出來的十三勢有以下十一個類型：

陳溝老架
- 陳溝新架—趙堡新架—武禹襄小架
- 楊露禪架

武禹襄小架—孫祿堂小架
武禹襄小架、楊露禪架—楊班侯小架—全佑小架
楊露禪架—楊健侯中架—楊澄甫大架—宋書銘太極功

陳溝老架十三勢為誰所編，將在《太極拳考原》時說明，這裏暫不談，以免重複。

陳溝新架十三勢的編者是陳氏十四世陳有本，他和陳長興同輩。這個上承老架而又發展為新架的傳拳世系如下：

表中的陳春元就地查出。其餘諸人在《陳氏家譜》上都注有「拳師」等字樣。

陳正如—陳節—陳公兆
- 陳有恒
- 陳有本
  - 陳伯牲
  - 陳仲牲
    - 陳垚
    - 陳春元
  - 陳季牲

楊露禪雖然是陳長興老架的傳人，但他自己練的十三勢可能已有改動，這從班侯、健侯、全佑三個類型不同於陳長興老架的具體內容上，可以判斷出來。健侯的中架，楊澄甫改為大架。全佑是少數民族，他跟露禪、班侯父子都學過。辛亥革命後他的兒子鑒泉改姓吳，被稱為吳架。楊澄甫的大架，在所有十三勢中流傳面最廣，其次是吳架。宋書銘的太極功，它的具體內容與勢名和楊家十三勢大架基本相同，證明它是根據大架編出來的。宋譜的出現時期在一九一一年—一九一五年之間，它的特點是一勢一勢單練，和其他十三勢的成套練法不同。

趙堡新架十三勢有兩套，第一套稱為「略」的和陳溝新架相同，第二套稱為「圈」的為陳溝所無，我判斷第二套是陳有本的傳人陳清萍編的。陳有本改編老架為新架，啟發了陳清萍的另編第二套，也啟發了楊露禪的改編老架。

武禹襄既學於楊露禪，又學於陳清萍，他所傳的十三勢，既不同於楊，也不同於陳，我判斷它是武禹襄編的。

孫祿堂學於武禹襄的再傳弟子郝和，他所傳的十三勢不同於郝，我判斷它是孫祿堂編的。

從開展和緊湊方面分類，陳溝老架、陳溝新架和趙堡新架第一套十三勢、楊澄甫十三勢、宋書銘太極功，都是開展的架子；楊健侯的十三勢，介於開展緊湊之間。趙堡新架十三勢第二套、武禹襄十三勢、楊班侯十三勢、全佑十三勢、孫祿堂十三勢，都是緊湊的架子。

從動作方面分類，陳溝老架和新架十三勢，環形和弧形動作都作螺旋形，其餘十三勢，環形和弧形動作不作螺旋形。

從呼吸方面分類，陳溝老架、新架和趙堡新架十三勢的腹式呼吸是這樣的：利用呼氣使膈肌下降時，腹的內部輕輕做左或右大小不等的弧形動作，配合臂、腿左或右大小不等的螺旋形動作；雙掌或單拳前擊，配合呼氣使膈肌下降時，腹的內部輕輕做下沉動作，即所謂「氣沉丹田」。左、右前靠或左、右後靠時，膈肌不下降，配合「靠向」利用肺部的呼氣輕輕向左前、右前或左後、右後動作。如果內外動作配合不一致，即不合於要求。其餘的十三勢，臂、腿動作只做環形或弧形，不做螺旋形，配合呼氣使膈肌下降時，腹的內部輕輕做下沉動作；左、右前靠的內外動作則相同。

流傳面較廣的楊氏大架十三勢，為什麼重複的拳勢有此前彼後或此

多彼少以及形態上有不甚一致的情況呢？說破了並不足異。重複的拳勢和此前彼後或此多彼少，有的出於傳拳者增、減、移，有的出於被傳者增、減、移。形態上的不甚一致，如同書法中的顏、柳、歐、蘇，其根源則一。過去同一類型的太極拳家之間往往以此標榜嫡派非嫡派，這是舊社會宗派主義的流毒。

陳溝老架和新架十三勢，傳到大城市裏最晚。練法上要求折腿虛坐到地的動作、跳躍的二起、跺腳的金剛搗碓（新架已改為不跺）等，都是被稱為「少林拳」的原因。實際上其他類型的十三勢，從老根上找起，或多或少仍有這種練法。

舉例來說：楊露禪練單鞭下勢時，能折腿虛坐到地，俯腰把臉部接觸到地面，其事記載在楊氏傳人陳微明的著作裏。練上述的單鞭下勢腳尖必須上仰，它是陳溝老架的練法。陳溝新架的折腿虛坐到地，則僅限

於雀地龍。一九三一年我到陳溝去調查時，陳長興的玄孫陳照旭表演老架十三勢給我看，許多動作都折腿虛坐到地。楊露禪和陳照旭都從童年練起，所以能夠做這樣難度高的動作。

陳溝老架、新架和趙堡新架第一套，二起都跳躍，楊班侯傳的十三勢，至今仍保持跳躍的二起。武禹襄傳的十三勢，跳躍的二起到四傳的郝月如才改掉。陳溝老架、新架和趙堡新架第一套，擺蓮和十字腳都排打，其餘各種類型的十三勢有的已改為不排打，有的仍排打。這些難度較高的動作，從體育作用上來說，並不違反運動生理。

從練法上來說，不能要求人人做到，特別是中老年才開始學習的人。改掉後老少咸宜成為大眾化，可以說這是楊（班侯除外）、吳兩種類型發展面較廣的一個因素。

楊班侯傳給楊少侯的十三勢，提手上勢還保存陳溝金剛搗碓落拳的

形象而不跺腳，跺腳跺得不得法會震傷腦部神經，改得根本對。某些人稱陳溝老架和新架為「少林拳」，這是單憑個人想像的說法，想像的說法是不能代替十三勢發展史上客觀存在的。

十一個類型的十三勢，除趙堡新架、武禹襄小架、楊班侯小架以外，都有他們傳人的著作出版，這些類型十三勢的同異，可以利用這些著作裏的圖片對比，這裏略而不談。

十三勢的不斷改編，清楚地刻畫出它不斷向前發展到大眾化。介紹出這個情況來，也許可以提醒提醒迷信思想和保守思想者。

《十三勢歌》作者指出，練太極拳的目的，是為了「益壽延年不老春」。練了之後可以達到不容易衰老如同青春年輕的人那樣朝氣勃勃，生機旺盛。傳到今天新社會裏的這句詩，結合政治覺悟來鍛鍊身體，為建設社會主義事業服務，才是全面的提法。

茲提出我個人對於太極拳開展上一些具體看法，以供參考。

一九五六年國家體委根據「由易到難、由簡到繁」這個原則，採取流傳面最廣的楊氏大架編出了一套「簡化太極拳」。透過兩年來的試驗，由簡化的入手，再進一步學不簡化的架子就容易。一般學簡化太極拳，十～十二次就能練完，練完了「簡化太極拳」再學楊氏大架，也只要十～十二次就能練完。過去學楊氏大架的人，從先難後易，先繁後簡入手，少則兩個月以上，多則三個月以上才能學完，這說明「簡化太極拳」的編出，是符合於今天「多、快、好、省」要求的，它展開了太極拳大眾化新的一頁。

簡化了，練的人一天比一天廣泛，這就是「多」。簡化了，可以在短時間內學會，這就是「快」。簡化了，類似的和重複的拳勢，這就是「好」。簡化了，以五分之二或者更少的時間就能練完兩套十三勢，這就

是「省」。花較少的時間發揮它的教學進度，以增強人們的體質，在工作上也就能夠達到社會主義建設「多、快、好、省」的要求。

可以從太極拳的發展史上看出，楊氏十三勢大架和推手作出的貢獻最多，開展面最廣。適應廣大群眾客觀要求而編出的簡化太極拳，宗派偏見者卻提出相反的看法，把簡化太極拳所依據的楊氏十三勢大架說成丟失了精華。這種說法，我以為是脫離客觀存在的觀點。

以廣播體操為例證，由第一套適時地提高為第二套，由第二套適時地提高為第三套，這反映出新社會廣大人民體質的越來越增強，社會主義體育事業的越來越開展。在今天來說，已練過簡化太極拳的進一步練楊氏十三勢大架，可以提高運動量，還可以節省了學習時間。

某些人愛好某種類型十三勢，正如某些人愛好其他某種體育活動一樣。其他體育活動之有多種多樣，正如十三勢之有多種多樣。如果別的

類型十三勢有人簡化，以適應不同愛好者和不同身體條件者的要求，我認為也有其需要的。

流行於農村間的太極拳，我認為就地取材加以簡化，是切合實際、易於推行的一個辦法。例如：陳溝及其附近趙堡的十三勢，一向為當地群眾所愛好，不論是男或女。因地制宜加以簡化，在群眾中容易開展，並且合於客觀要求。這樣做必然有利於當地農業社會主義的建設。洪洞高公村一帶的長拳，同樣可以簡化，促進它在當地的開展。

3. 推手的發展

對練的推手，基本上幾乎沒有超出過八手範圍。因此，區別它的類型，主要不在於手法而在於步法。單推手的手法，又當別論。

過去的太極拳家，把推手作為技擊的基礎練法，所以《太極拳譜》

裏叫它做「打手」或「擖手」。辛亥革命以後出版的太極拳書，一般稱之為「推手」，可能因為八手中的「按」類似「推」的形象而改名的。

本節分作兩個子題：⑴早期推手理論的發展；⑵推手步法的發展。

⑴早期推手理論的發展

二十多年以前，張士一考出王宗岳《太極拳論》中引用《打手歌》的一句，證明《打手歌》是王宗岳以前人所作的。他認為：《太極拳論》中有察「四兩撥千斤」之句顯非力勝，而「四兩撥千斤」之句見於《打手歌》，則《打手歌》似為王宗岳以前人所作。」

引用前人的著作才會用「察」字，我以為張士一的說法是具有充分理由的。上引的論據，可以判斷出對練的推手不是王宗岳所發明，《打手歌》也不是王宗岳所創作，他在得到了「打手」和《打手歌》之傳以後，才寫成《太極拳論》。《太極拳論》是一篇引用《打手歌》和《周

子全書》哲學理論總結出推手經驗的論文。

要研究王宗岳是什麼時代的人物，要研究《打手歌》起源於何地，張士一的考證沒有告訴我們。我們要搞明白王宗岳不是神仙張三豐的傳人和推手的具體內容及其早期理論的發展，對於以上兩個問題就有進一步研究的必要。研究的資料，其一是《周子全書》；其二是陳溝傳譜上的《拳經總歌》和《打手歌》；其三是王宗岳的《太極拳論》。

《周子全書》乾隆二十二年（一七五七）出版於江西，它是一部十一世紀到十八世紀時人闡發周敦頤哲學的總集，《太極拳論》部分的理論出於這部書。下列這個表補充了張十一的主張，從而也考出了王宗岳是什麼時代人物。（下頁）

王宗岳採用《周子全書》的哲學理論作為推手理論，有的句子不改，有的句子加以發揮，一經對比就可以看出。《太極拳論》中「陽不

拳論

察四兩撥千金之句顯非力勝。陳溝《打手歌》：牽動四兩撥千斤。

隨曲就伸。陳溝《打手歌》：沾連黏隨就屈伸。

太極者無極而生，陰陽之母也。周書：無極而太極。太極生陰陽。

無過不及。周書：無過不及。

不偏不倚。周書：不偏不倚。

靜（陰）之則合。周書：陽主動而陰主合，故陽曰變而陰曰合。

陽不離陰，陰不離陽，陰陽相濟，方為懂勁。周書：陰陽不相離，又有相須相互之妙。

離陰，陰不離陽，陰陽相濟，方為懂勁」四句，就是採用《周子全書》裏面胡煦的「陰陽不相離，又有相須相互之妙」兩句發揮出來的。同樣的例子，《太極拳論》中「太極者無極而生，陰陽之母也」兩句，前句是採用周敦頤的「無極而太極」發揮出來的。周敦頤卒於宋熙寧六年（一〇七三），胡煦卒於清乾隆元年（一七三六）。根據胡煦的卒年以

及《周子全書》出版時期，確定王宗岳的《太極拳論》作於乾隆二十二年以後，這是常識上的判斷。

另外，還有一個資料可以考出山西王宗岳在乾隆末年居住河南。據《陰符槍譜》序記載，乾隆五十六年（一七九一）王宗岳住在洛陽，乾隆六十年（一七九五）王宗岳住在開封，他的職業是教書。為王宗岳作《陰符槍譜》序的佚名氏，也是一個熟讀《周子全書》的知識分子，所以序中有「上下無常」這麼一句。序作於乾隆六十年佚名氏「應鄉試居汴」的時候，汴即今之開封市。陳溝位於洛陽之東，開封之西的汜水對岸，從股水渡過黃河便到陳溝，汜水是往來洛陽、開封必經的一個地方，也是陳溝陳氏往來洛陽、開封必經一個地方。

有人向我提出疑問：陳溝在黃河北岸，洛陽、開封在黃河之南，陳溝除《打手歌》以外沒有王宗岳的《太極拳論》和其他文篇，咸豐二年

或稍後，武禹襄在黃河之南舞陽縣鹽店裏才發現王宗岳的傳譜帶回永年都無從解答王宗岳跟誰學推手這個問題。王宗岳究竟跟誰學推手，雖然現有的資料還搞不明白，但《打手歌》為王宗岳以前人所作，王宗岳《太極拳論》是《打手歌》的發揮，這已能使我們瞭解推手理論的發展，王宗岳跟誰學推手不是一個主要問題。下面這個表，可以考出陳溝傳譜上《拳經總歌》和王宗岳以前《打手歌》的關係。

推手對練的八手，是相靠著進行的，陳溝《拳經總歌》第二句用「諸靠」二字概括了八手。由《拳經總歌》頭兩句發展出四句《打手歌》，由四句發展出六句《打手歌》，它是前四手的具體內容和理論。六句《打手歌》是王宗岳以前人所作，從而判斷出四句《打手歌》是六句《打手歌》以前人所作，《拳經總歌》是四句《打手歌》以前人所作，這反映出前四手推手理論在陳溝的發展。

陳溝《拳經總歌》頭兩句：

縱放屈伸人莫知
諸靠纏繞我皆依

陳溝四句《打手歌》：

擠掤摟按須認眞
上下相隨人難進
任他巨力人來打
牽動四兩撥千斤

陳溝六句《打手歌》：

掤攄擠按須認眞
周身相隨人難進
任人巨力來攻擊
牽動四兩撥千斤
引進落空合即出
沾連黏隨就屈伸

據《陰符槍譜》序記載，王宗岳在乾隆六十年前已經「悉心於（陰符槍）數十年。」我根據序中這句判斷出王宗岳可能生於乾隆初年。從

王的生年逆溯陳溝傳譜上六句《打手歌》、四句《打手歌》、《拳經總歌》頭兩句，並結合陳氏家譜上的記載，判斷出六句《打手歌》是在王宗岳以前逐步發展而成的。

王宗岳傳譜裏的六句《打手歌》是「掤擺擠按須認真，上下相隨人難進，任他巨力來打我，牽動四兩撥千斤，引進落空合即出，沾連粘隨不丟頂。」把它和陳溝四句及六句《打手歌》對比，可以看出王宗岳的六句顯然是綜合了陳溝的四句和六句加以修改的。

⑵推手步法的發展

區別推手的類型主要在於步法，考察推手的發展也主要在於步法。為了說明上的便利，把「掤、擺、擠、按」作為前四手，把「採、挒、肘、靠」作為後四手。

雙推手就是用兩手互相練習八手的方法，它的發展類型如下：

雙推手

- 前四手：順步進一退一（陳）
  - 合步不進不退（楊）
  - 合步進三退三（楊）
  - 合步進三半退三半（武）
- 後四手：順步進一退一（陳）—合步進三退二（楊）

「陳」指陳溝傳統的推手，「楊」指楊露禪傳統的推手，「武」指武禹襄傳統的推手。

陳溝傳統的前四手步法，有腳尖上仰、折腿虛坐到地或接近於地的「引進落空」法，可以看出它是「雀地龍」的形象。這個形象，在全佑（吳架）傳統的推手裏還留有痕跡。全佑傳統的推手，雖然不折腿虛坐到地或接近於地，但腳尖的上仰，反映出楊露禪的推手部分面貌仍舊同於陳溝。

除這個特徵外，全佑傳統的推手，他的合步不進不退雙推手（即定

步推手）和合步進三退三雙推手（即活步推手），基本上仍是楊系的步法。此外，吳系雙推手還創編了四種步法：

⑴交叉步雙推手；

⑵進退步雙推手；

⑶龍行虎步雙推手；

⑷轉身步雙推手。

這四種雙推手，可能是吳鑒泉的傳人創編出來的。吳系另一種斜角步後四手的雙推手，基本上就是楊系所稱的「大攦」。

楊氏傳人中有一種合步不進不退的單推手，它是雙方互相練習的對推的。它的手法用「平圓、立圓、壓腕」分練。又有一種合步不進不退的雙推手，它的手法用「攦按、攦擠、壓腕按肘」分練。這兩種推手法，都以「掤」開始，顯然是為了初學推手的人創編出來。最早介紹這

兩種推手法的，是一九二一年出版的許禹生《太極拳勢圖解》。一九五五年俞善行編著的《太極拳參考資料》，稱前一種為「單推手」。俞善行是吳系傳人，可見吳系推手也採用了這個方法。

楊氏傳人張玉創編了合步進五退五的雙推手，吳雲倬創編了以四手開始、以四手終結夾雜十二路散手的雙推手，傅鍾文創編了「原地動步、左右轉換步、上步插襠，左右靠搬」四種雙推手，可以說這都是推手史上的發展。

楊氏傳人除創編了合步不進不退單推手和合步不進不退雙推手（先兩個手法分練，後四個手法合練）外，還創編了一種合步進一退一雙推手，顯現了循序漸進，一步深入一步的教學方法。

陳溝老架傳統的推手，有時使用順人之勢，借人之力的擒拿法，為其他類型的推手所無。

這些推手，依先後來排隊，就能知道它的類型出於哪一個傳統。但也有個別的太極拳家，吸收另一個類型推手到自己編的太極拳裏去，而附會是神仙張三峰或張三豐傳的。這類附會，將在第二個母題「太極拳的源流」裏證明他們根本出於捏造。

由於某些太極拳家的附會神仙，在二十多年前出現了一種所謂「空擊」的推手。他們表演給人們看，宣傳能夠手不著身將人擊出。思想落後被迷惑的知識分子，竟然企圖用「電子」和「放射性」的作用來說明它的現象，可謂極盡歪曲的能事。後來，這類太極拳家認為有空可鑽，在上海公園裏翹起尾巴來公然表演「空擊」，造成群眾思想認識上的混亂。這種「空擊」當它剛出現的時候，不存在變態心理的人早已去做過試驗，證明它對心理健康的人是完全不靈的。

當時，我曾經親自去要求第一個傳授「空擊」推手者對我做試驗，

在會面長談以後，他推說有病沒有給我以試驗的機會。我從實驗過的朋友那裏早已經瞭解他即使肯對我試驗也是不中用的。這種太極拳中扶植迷信心理的作法，不能容許它滋長起來模糊群眾意識。

不是神仙創編而是根據物理學創編出來的推手（儘管創編者沒有意識到），它有三個特點：

①對練十分鐘推手的運動量，相當於單練二十分鐘到三十分鐘十三勢的運動量，這說明它的體育作用比較高。

②熟練了以後不容易忘記，甚至可以說不會忘記。

③推手的雙方利用物理學的重心作用互相交推，初學時就會引起興趣。

學會了簡化太極拳以後，再學推手，基礎當然比較好。但我個人的體驗，認為如果以健康為目的，一開始就學推手也未為不可。方法是根

據先易後難、先簡後繁這個原則，對各種類型的推手廣搜博採地加以選擇，定出教學計劃，循序漸進地教。更重要的是，教者必須提高自己的品德對待學者，並把累積起來的訣竅公開而不保守秘密。

二、太極拳的源流

在今天，我們完全應該剔除太極拳源流中宣傳迷信的移植附會和荒唐附會那類封建性糟粕，吸收太極拳具體內容中可為今用的民主性精華，並且把它來自群眾中的觀念明確起來，從而根據體育科學對它的本身提高，使之成為民族形式體育活動之一，豐富國家體育的內容，為社會主義體育事業服務，這在發展武術運動中是一個政治任務。

太極拳的具體內容，前面已經作過介紹。本節所要談的分為三個子題：⑴太極拳的移植附會；⑵關於太極球和太極功；⑶太極拳考原。

1. 太極拳的移植附會

太極拳的附會神仙張三豐，是從內家拳的附會的張三峰移植過來的。這種移植附會，不能把它和傳說等同起來看待，茲提出我的論證以供研究。

道光二十四年（一八四四）之後出版的《三豐全書》，有一段關於張三豐拳術的源流：

「王漁洋先生云：拳勇之技，少林為外家，武當張三豐為內家。三豐之後有關中人王宗，宗傳溫州陳州同——州同嘉靖間人，故兩家之傳盛於浙東。順治中王來咸字征南其最著者，靳（鄞）人也。雨窗無事，讀《聊齋》李超始末，因識於後。」

王漁洋自己說明，他的識後是讀了《聊齋》李超始末以後作的。可

證《三豐全書》這段記載出自《聊齋》。《聊齋》這段記載的人名是張三峰而不是張三豐（我核對了一九五五年文學古籍刊行社出版的蒲氏手稿本和乾隆三十一年（一七六六）以來各種版本《聊齋》，都不作張三豐而作張三峰）。可見《三豐全書》編者為了要把元明之間的神仙張三豐說成是一個內家拳家，於是把「峰」字改成「豐」字。

王漁洋識後是摘錄康熙八年（一六六九）黃宗羲作的《王征南墓誌銘》寫成的。據墓誌銘說，宋徽宗時代的張三峰是武當山山神玄武大帝的徒弟。玄武大帝怎樣收張三峰為徒弟的呢？墓誌銘裏說得非常荒唐無稽：

「有所謂內家者，蓋起於宋之張三峰。三峰為武當丹士，徽宗召之，道梗不得進，夜夢玄帝授之拳法，厥明以單丁殺賊百餘。」

「賊」是甚等樣人呢？就是在封建社會裏失去土地的農民或者是其

他被壓迫的人民。利用這個荒唐的附會移植於太極拳，正當太平天國革命運動和捻軍起義這個階段，散播這個毒素的政治作用是灼然可見的。

從事實上來說，內家拳在清初就已經失傳，康熙十四年（一六七五）黃百家作的《內家拳法》和雍正十三年（一七三五）曹秉仁編的《寧波府志》早已告訴我們。

黃百家說：「先生（內家拳家王征南）之術所受者惟余，余既負先生之知，則此術已經成廣陵散矣。」這是黃百家沒有傳內家拳的證據，否則他自己不會說「此術已成廣陵散。」此外，《王征南墓誌銘》和《寧波府志》都詳細列舉了內家拳的源流。與王征南同輩異師的，有李天目、徐岱岳、盧紹岐、董扶輿、夏枝溪、柴元明、姚石門、僧耳、僧尾九人，與百家同輩異師的，有李天目的弟子余時仲、吳七郎、陳茂宏三人。府志編於慕志銘之後六十六年，對於內家拳的源流是經過實地採

訪的，其中孫十三老即係採訪後補錄，如果徐岱岳等十二人曾經傳人，不會不記載下來。黃百家也不會自視其著述等於「諸葛書中木牛流馬，尺寸雖詳」而以「後人誰復能用。」

一九一二年關百益開始把明朝嘉靖年間傳內家拳的陝西人王宗，糊裏糊塗說是清朝乾隆年間著《太極拳論》的山西人王宗岳，連二人的籍貫、時代和名字都不曾考個明白。

一九三二年我和研究吳架十三勢的方夢樵，一同到寧波寶幢鎮鄉區的鐵佛寺（王征南傳內家拳的地方）和王姓聚族而居的東同嶴（王征南葬在該村）去調查，寺裏的和尚和村裏的王姓，不但不會練內家拳，連內家拳之名也不知道，王姓家譜上既沒有王征南，也查不出什麼來。後來托人在溫州調查，也查不出內家拳還有流傳。

再依據《內家拳法》（刊載昭代叢書別集）和《長拳譜》、《十三

勢譜》、《打手歌》及《拳經總歌》的具體內容和理論作對照，不論在拳套名稱上、歌訣上、拳法名稱上、練手和練步上、黃百家作的詮釋上，都無法證明太極拳就是內家拳。

移植內家拳的張三峰為太極拳的張三豐，是《三豐全書》出版以後的附會。這個附會開始出現於北京，有一九一二年關百益油印的《太極拳經》可證。楊澄甫《太極拳使用法》裏說，他的祖父楊露禪到北京來教太極拳，是由永年武祿青介紹的。武祿青就是武汝清，因為音近而字誤。據光緒三年修的《永年縣誌》，汝清是道光二十年庚子（一八四○）進士，官刑部員外郎。又據永年李亦畬《太極小序》考出，露禪在咸豐二年左右還在永年教武汝清的胞弟武禹襄太極拳，由此可見露禪到北京教拳當在咸豐二年（一八五二）之後。

一九三○年報刊上登載楊澄甫的口述，說他的祖父從十歲左右起一

直到四十歲左右都在陳溝，一九三二年我到陳溝去調查，據陳德瑚的孫子和村中老輩說，楊露禪從小就在陳德瑚家裏。他過著孤苦伶仃的生活，沒有學習文化的機會，他跟農民陳長興學習了太極拳。

他在陳德瑚家裏幹的是毫無報酬並且是呼之即來、揮之即去的工作。陳德瑚死後，為陳德瑚撫育遺孤的繼妻才放楊露禪回到永年去，他住在陳德瑚開設於永年的太和堂藥店裏教拳。武汝清介紹他到北京去後，有一群王公貝勒跟他學太極拳。由於楊露禪限於文化，所以口傳的某些拳勢名稱和陳溝傳譜上的某些拳勢名稱音近而字不同。依我判斷，限於文化的楊露禪不可能附會太極拳為內家拳，也不可能附會張三豐創始太極拳，可能是跟他學拳的某一個王公貝勒含有政治作用而附的。

永年李亦畬手抄他母舅武禹襄傳譜上的《太極拳論》後面就沒有這個附會。附會的憑藉，就是從道光二十四年（一八四四）以後出版的

《三豐全書》移植過來。

《三豐全書》編者為十八世紀的汪錫齡和十九世紀的李涵虛，他們都鬼話連篇地宣稱見過十四世紀的張三豐，這有他們假造出來的詩文可證。一七二三年住在四川的圓通道人汪錫齡編成《三豐全書》稿本之後，保藏到他孫子手裏；一八四四年被長乙山人李涵虛重編出版。出版之前看見過稿本的只限於在四川的九個人，《三豐全書》裏都有姓名可考。山西王宗岳寫成《太極拳論》在前，證明他的理論沒有受過這部書的影響。《周子全書》和《三豐全書》的出版時期，先後相隔將近九十年，再加上王宗岳寫作《太極拳論》之前的年齡，他不可能看見《三豐全書》的出版，出此可證，王宗岳的理論和張三豐不生什麼關係。

現在依據《三豐全書》裏的所謂張三豐寫的「大道論」來談一談。「大道論」裏有這麼一段話：「有以按摩導引吐納呵噓為養生之方者，

雖能暫去其疾，難逃老衰命盡而為達人恥笑也。」以一個主張修煉金丹可以成仙而恥笑呼吸導引之術的張三豐，很難想像他會得創造只能益壽延年的太極拳。然而現在竟有人對於太極拳的移植附會認為只要「除去傳說中不合理的迷信部分」，張三豐就是太極拳「一個主要創始人」。除去不合理的迷信部分，是否可以成立一說呢？

我認為如果這個迷信產生於張三峰同時的宋朝，雖然可以反映出內家拳在那個時候的存在但不可能反映出太極拳在那個時候的存在。太極拳移植附會的張三豐，出現於一八四四年以後，不是簡單地「除去不合理的迷信部分」就能自圓其說。

2. 關於太極球和太極功

四十多年前，開始用球作為補助運動的是楊氏傳人北京許禹生。這

個補助運動方法是槍師劉德寬傳給他的，劉德寬則傳自非太極拳家的無名氏。它有單練的動作，有對練的動作，有吊練的動作。許禹生用的球，最初從停業的十柱球場買來，又添製了一些。它的練法和劉德寬所傳的譜，許禹生所辦的「北平體育社」老社員中（現尚活著），不僅有的眼見並且有的會練同時還抄有其譜。一九二九年有人編成另一種練法，用一個吊著的大銅球運動，開始名之為「太極球」，有當時出版的《健康指南》中「太極球運用式」可證。編「太極球運用式」的人，他的太極拳老師，就是「北平體育社」的老教員。

最近一個談太極球起源的人發表了兩篇文章。在前一篇文章裏說，太極球是張三豐以前的「道家創造成功的」。在後一篇文章裏說，「一個和尚被困一海島，每日以巨石一塊，往來推轉以運動身體，日久磨成圓形，這是太極球的起源。」張三豐以前的道家何以隔不多時忽然變成

一個和尚了呢？這個和尚，與《搜神記》裏所說的用木鑽去鑽穿一塊五尺厚石頭的人，可謂無獨有偶，同樣是荒唐的附會。既是王宗岳一脈相傳下來的太極球，在王宗岳著作裏卻找不出一點點根據來，王宗岳著作裏絕沒有說過張三豐以前的道家或這樣一個和尚創造太極球，一九一二年關百益油印的《太極拳經》裏也無此說法，而突然毫無根據地出之於今人之口，其事又極為荒唐，在我認為，寧可信其必無。

這位談太極球源流的接著又談太極功：「以後張三豐學到了太極球，又加以發展成為太極功。」一九三〇年我曾和許禹生通信討論過辛亥革命以後出現的宋書銘太極功及張三豐以前道家與太極拳的來歷問題。許禹生在復信中承認：「假托以自神其說，而不知其弊，足以混淆聽聞，令人莫知究竟。」當時往來的信件，曾經公開刊出，這就是過去我和主張張三豐「發展成為太極功」的爭論。

在爭論當時，雖然已經有太極球的名稱，但還沒有出現張三豐以前的道家或者一個被困海島的和尚創造太極球的說法，所以就沒有接觸到太極球上去。又一個原因是，當時的太極拳家，都知道太極球之名是大漢奸褚民誼搞出來的，附會者以為青年可欺怎肯實說！

談太極球源流的人接著又談太極拳說：「太極拳是由元末明初道家張三豐去整理了過去道家的太極球和太極功而創造成功的。」忽而說張三豐學到了太極球又加以發展成為太極功，忽而說張三豐整理了過去道家的太極球和太極功創造成太極拳，可見這類附會還沒有形成統一，所以牛頭不對馬嘴。

張三豐的創造太極拳是移植附會，張三豐以前的道家和一個被困海島的和尚創造太極球是荒唐附會，前面已作論證。一九三七年出版的《太極拳譜辨偽》作者徐震也早已否定了張三豐以前道家曾經創造過太

極功。所謂「太極功」，即一九一二年—一九一五年宋書銘傳譜上托稱唐朝道家許宣平傳下來的三十七個單勢，最初宣傳此說的是一九二一年出版的許禹生《太極拳勢圖解》，繼許之後宣傳此說的是一九三三年出版的李先五《太極拳》。許禹生是宋書銘的朋友，李先五是宋書銘的再傳弟子。

徐震否定的理由：「觀許宣平諸歌訣，多襲用王宗岳拳譜，並襲武禹襄語——如開合鼓蕩主宰定，其作偽之跡甚明。李先五太極三十七式名目，幾乎全同楊氏譜，只刪去其重複之名目，然則宋書銘之太極，仍為楊氏之傳，特諱其所自來耳。」

李先五又稱：「唐李道子所傳太極，拳式與許宣平同。所謂李道子，就是《三豐全書》裏的明朝正德年間煉金丹的李道子，附會者卻把他變為唐朝人。」

很顯然，這兩個所謂張三豐以前的道家，會得抄襲了清朝王宗岳、

武禹襄的著作編出歌訣，會得採用清朝楊露禪的太極拳名目編出太極功，豈不成為怪事。更可怪的是，自稱宋遠橋後裔的宋書銘（談太極球源流的人改為許遠橋，是否打算把許遠橋和許宣平拉上關係而代為改姓，只有改者心裏明白），他的傳譜上說宋遠橋的三十七勢傳自許宣平，那麼宋遠橋必然也是唐朝人了。

荒唐的是：宋書銘傳譜上又說宋遠橋等曾事師張三豐，並且說事師張三豐之前去訪李道子不遇。把相隔八百幾十年的唐、明兩朝人物合於一時，又不把太極功的來歷說出，徐震認為宋譜是宋書銘「附會古籍，偽撰歌譜，以自神其術。許宣平事，見宋紀有功《唐詩紀事本》末，謂許傳太，自古無此說」，也就是說附會出自宋書銘。我還進一步指明：李道子其人始見於道光二十四年以後出版的《三豐全書》，武禹襄的太極拳理論作於咸豐二年之後。宋書銘的「造作師承，偽撰歌譜」必然在

光宣之間學得楊澄甫大架以後。徐震揭破許宣平傳太極在宋書銘以前無此說，而沒有揭破李道子傳太極在宋書銘以前也無此說，這就是張三豐以前道家創造太極功的真相。

宋書銘採用楊氏大架太極拳編的太極功，成為一種一勢一勢單練使人易學的類型，這是不可否定的。無名氏所傳不是褚民誼所傳而被今人附會的「太極球」，不失為一種有體育作用的球類運動，這也是不可否定的。一九三五年摻雜八卦拳附會張三豐編《無極拳》的作者，在一九三六年出版一本《弄丸健身圖說》，我認為它卻是無名氏傳的球類運動的發展。

3. 太極拳考原

有人問我，你否定了張三豐和張三豐以前道家以及一個困於海島的和尚與太極球、太極功和太極拳的關係，那麼三十九年前陳溝陳鑫在

《太極拳圖說》裏主張太極拳是陳氏始祖陳卜在洪武七年（一三七四年）創造出來的說法又何如呢？二十七年前，我到陳溝去調查，查閱了陳氏族譜和家譜，拓取了康熙五十年（一七一一）陳氏十世孫追立的陳卜碑文，全沒有陳卜創造太極拳的記載。

陳卜和張三豐都是十四世紀的人物，他們都不可能採取十六世紀戚繼光《拳經》中的歌訣和拳勢來編拳，因此我認為三十九年前陳鑫附會的陳卜和陳溝太極拳外傳以及附會的張三豐，同樣是不足憑信的。

我在陳溝調查的時候得到一本家譜，譜上在九世祖陳王廷名旁記載他是「陳氏拳手創始之人。」陳王廷的墓碑立於康熙五十八年，證明他是一七一九年以前的人。譜上記載的修譜年代是乾隆十九年（一七五四）。修譜的時候距離王廷的葬期只有三十五年，同族中的老年人都能看見他編「陳氏拳手」，譜上的記載是第一手資料。

陳溝舊本裏還有一首陳王廷的遺詩，其中有這樣幾句：「到而今年老殘喘，只落得黃庭一卷隨身伴，悶來時造拳，忙來時耕田，教下些弟子兒孫成龍成虎任方便。」詩中所說的「黃庭」就是《黃庭經》，太極拳之所以與呼吸導引之術有關，應該說是《黃庭經》，而不是什麼張三豐和張三豐以前與《黃庭經》無關的道家。從太極拳的具體內容考出，它的一部分採自戚繼光《拳經》，證明王廷不是「造」拳而是「編」拳。他編的太極拳，在遺詩中告訴我們教下了一些弟子兒孫。

康熙五十年追立的陳卜碑文又告訴我們，自「洪武初年，迄今（康熙五十年）已十三世。」可證王廷活著的時候陳溝陳氏已有九世到十三世五輩生活在同一個村子裏。陳溝兩個傳拳世系，陳正如是十一世，陳善志是十二世，上承下繼傳到現在沒有中斷過。遺詩「到而今年老殘喘」這一句證明王廷的編拳在晚年，他葬於康熙五十八年，可見太極拳

的編成，在公元一七一九年之前。王廷的編拳在戚繼光《拳經》之後，後編的採用前編的拳勢和歌訣，是符合於實際的。

遺詩所說的「造拳」和家譜在人名旁記載的「拳師」等字樣，雖然沒有告訴我們王廷編的是什麼拳、教的是什麼拳，以及拳的具體內容，這是因為另有拳譜的關係。

陳溝拳譜上有王宗岳以前作的《打手歌》，有《打手歌》以前作的《拳經總歌》。如果從陳溝《拳經總歌》和《打手歌》考察，如果從王宗岳傳譜中提到的「長拳」、「十三勢」和郭永福傳到山西洪洞去《拳經總歌》和《長拳譜》考察，這些資料無一不集中於陳溝拳譜上，尤其是陳溝拳譜上還抄有戚繼光《拳經》，使我們更瞭解它的來源。把陳溝拳譜上這些資料和《陳氏家譜》以及王廷遺詩綜合起來考察，這是我判斷陳王廷編的有太極拳、教弟子兒孫的有太極拳的主要論據。

陳溝太極拳一開始就結合呼吸運動，它的特徵反映在陳王廷的遺詩裏；陳溝老架和新架十三勢螺旋（陳氏稱為纏絲）形動作的特徵，反映在《拳經總歌》裏「諸靠纏繞我皆依」這一句上。「我皆依」的用語出自戚繼光《拳經》「拈肘勢」的「要皆依」訣注。如果孤立地就家譜論家譜而不綜合當地的拳譜作分析，太極拳真實的來歷是不會搞出眉目來的。

戚繼光《拳經》採取民間十六家拳法中的三十二個勢編成，它直接從群眾中來。陳王廷採取戚繼光《拳經》二十九個勢編入長拳，採取十三個勢編入十三勢，採取戚繼光《拳經》的理論和歌訣編入《拳經總歌》和《長拳譜》，它間接從群眾中來。戚繼光《拳經》的拳勢名稱在兩種類型的長拳和十一種類型的十三勢裏保存得或多或少、或同或異（指音近字異），這是由於前編和後編、非口傳和口傳的關係。一經沿流溯源就不能否定它自始從戚繼光採用的民間十六家拳法而來，也就是從群眾中來。

曾有人要求我告訴他十六家拳法的具體內容，那是不可能的事，因為這十六家拳法現在無譜查考。戚繼光《拳經》是十六家拳法的綜合，他在《紀效新書》拳經捷要篇裏告訴我們，較古的四家拳法「名勢各有不同，而實大同小異」；當時的十二家拳法，「有上而無下，有下而無上」。戚繼光參考了十六家拳法「繪之以勢，注之以訣，以啟後學」編為「首尾相應，上下周全」，兼有十六家之長的《拳經》，達到他「以各家拳法兼而習之」這個要求。

《紀效新書》裏的戚繼光《拳經》，清朝雍正初年陳夢雷編《古今圖書集成》的時候，只剩下二十八個勢；乾隆四十八年（一七八三）以前編《四庫全書》的時候，只剩下二十四個勢。《古今圖書集成》缺失的「抛架子、拈肘勢、一霎步、擒拿勢」，都見於陳溝《長拳譜》，《四庫全書》缺失的「獸頭勢」、「指襠勢」。都見於陳溝十三勢譜，

這證明了陳溝長拳譜中的二十九個勢、十三勢譜中的十三個勢和《拳經總歌》中的理論，都在雍、乾以前根據未缺失拳式的戚繼光《拳經》編成，陳溝的四句原始打手歌，又從《拳經總歌》頭兩句衍出。採取十六家拳法編成的戚繼光《拳經》，既然訣是戚繼光加註的，戚繼光以前的人就無從採用，可見陳溝《拳經總歌》、《長拳譜》、《十三勢譜》一系列的理論、歌訣、拳式之採自戚繼光《拳經》，鑿鑿有據。

過去舊太極拳家附會的張三豐、陳卜和張三豐以前的道家，他們怎會採用遠在其後的戚繼光註訣編出拳來，明明白白是捏造。可是今天卻還有人為半封建半殖民地舊中國時代的附會辯護，倒轉歷史車輪替變相的和舊有的附會張目，甚至捏造出忽而道家忽而和尚的荒唐附會來支持己說。為了端正認識，明確太極拳之從群眾中來，把我否定附會和肯家事實的有關論據再一次提出來與讀者見面，希望讀者指教。

角觝

我國流傳日本之角觝，裸袒相撲，蓋為唐以前古風。彼邦稱此種職業運動員為力士，其義與力人同。《舊唐書・穆宗本紀》稱雲陽張莅為角觝力人，觝當為觝字之訛。

《新唐書・穆宗紀》雲陽縣角觝力人張莅，不作觝。

角抵半解

角抵本為競倒戲之專稱，因有時以頭相抵，狀如牛鬥，故名。角一作觳，抵一作氐或作觝。應劭注《漢書・武紀》：「角者角技也，抵者相抵觸也。」是得其全解。《齊書・禮志》：「案晉中朝元會，設臥騎、倒騎、顛騎，自東華門馳往神虎門，此亦角抵雜戲之類也。」《洛陽伽藍記》：「羽林馬僧相善觝角戲，擲戟與百尺樹齊，虎賁張車渠擲刀出樓一丈，帝亦觀戲在樓，恒令二人對為角戲。」兩書作者，皆以角抵半解，以名其戲，然由此名實混淆矣。

太刀

於胡汝珊家中，見屏有隸書《刀銘》，釋為「建安六年五月六日造大刀」。原文「大」下有一橫畫，與永和二年敦煌太守裴岑《紀功碑》之「太」字同。拓《刀銘》者未拓刀形，釋《刀銘》者誤「太」為大。以《三國演義》關羽所用青龍偃月刀，世俗稱為大刀，遂題曰「關刀銘」，不知漢代無青龍偃月刀之制，釋金文而採稗官家言。又未見太刀形制除環外刀身與倭刀相同，宜其所釋者謬矣。古詩「何當大刀頭」之「大」字，應作去聲讀。太刀頭如環；環，還也。

王寅

《萬曆歙縣誌・文苑傳》：「王寅字仲房，歙王村人。」康熙《徽州府誌》及乾隆《歙縣誌》列寅於隱逸。府志傳云：「少負氣，曉大略，貫通陰符之學。棄諸生，北學於李夢陽不遇，受拳技於少林僧而還。後與戚繼光遊，入胡宗憲幕。幕客多諂事宗憲，寅獨佑之多所匡正。然終以未究其用，鬱鬱不得志，乃一泄之於詩。晚歲學禪於六峰，六峰謂海外別有五嶽，因自號十嶽山人，所著有詩集若干卷，其事蹟與史文略同。」按寅事蹟，附見於《明史・徐渭傳》，作餘寅而不作王寅。道光《歙州誌・文苑傳》引萬曆、乾隆《歙縣誌》、康熙《徽州府

誌・王寅傳》，斷為一人而姓名有偽。不佞嘗親赴王村，考查《王氏譜牒》：「廿三世寅，字仲房，邑庠生，生於正德丁卯。」卒年不詳。

《清一統誌》五八卷《徽州府王寅》：「聞少林僧為國習兵仗甚精，之少林，受其術歸，而盡破其文誇。」

《清代禁書編目四種・十嶽山人集》四卷：查《十嶽山人集》係明王寅撰，寅在嘉靖中嘗遊胡宗憲幕府。其詩雖多作於隆、萬以前，但其中如卷一：《塞上曲》三首、《飲馬長城窟》一首、《廟漠重九邊》一首、《燕京再送伯玉司馬》一首。卷二：《恒山歌俺答圖》。卷四：《科興》八首、《遼陽兵變》一首。均多偏謬，應請抽毀。

（一九三七年中國武術學會版、唐豪自藏本）

舊體育史上附會的達摩

辛亥革命前夕，鼓吹資產階級民主革命的《天鐸報》副刊上刊登了一個傳抄本《少林宗法》。這部書開始附會達摩曾傳十八羅漢手給少林僧。之後，《少林拳術秘訣》→《中國體育史》→《中國體育概論》→《世界體育史略》→《世界體育史綱要》作者都跟著這樣附會。

這個傳抄本和原附的廣東洪拳譜，到一九二三年才全部刊出❶。為了說明這個附會的來源以及附的時期，從三方面加以論證。

少林最初的武術

河南省登封縣有兩座高山，一名太室，一名少室，總稱嵩山。古時候以嵩山為中嶽，所以有人稱之為嵩岳。太室在東，少室在西，兩山並不連接，相隔十七里，少室有三十六個主峰和一個別峰，一般所稱的少室，有時把別峰除外。這個別峰，如同環抱的手臂，由北向南繞在少室之陰，峰頂作五乳形，所以稱作五乳峰。主峰無路可登，這個別峰只能在少林寺的西北上去。

少林寺位於五乳峰之麓，山門南向，隔著一條少陽溪，面對著像「翠屏端立」那樣的少室。這個寺是崇信佛教的北魏孝文帝拓跋宏為天竺禪僧跋陀（一作佛陀）創建的。《太平寰宇記》說這個寺創建於太和十九年（四九五）❷，即北魏遷都洛陽這一年。

公元一〇〇四年到一〇〇七年間輯的《景德傳燈錄》說：「達摩屆於洛陽，當後魏孝明帝太和十年也，寓止於嵩山少林寺。」❸後魏即北魏，太和十年（四八六）少林寺還沒有建造起來，達摩何從「寓止於」此寺？這是偽造的證據之一。又太和是魏文帝拓跋宏的年號，不是孝明帝元詡的年號，這是偽造的證據之二。傳說達摩在蕭梁「普通八年（五二七）」來華，依此說法，達摩在死後四十一年來到洛陽，絕無此理，這是偽造的證據之三。元魏熙平元年（五一七），在洛陽城內永寧大寺親見達摩的楊衒之，他把達摩的情況記載在《洛陽伽藍記》裏。熙平元年前於普通八年十一年，說達摩在普通八年來到中國，也不符於事實，這是偽造的證據之四。

《景德傳燈錄》以前的僧傳，沒有說過達摩的固定住處，而揑造得顛倒錯亂的《景德傳燈錄》卻說達摩「寓止於嵩山少林寺」，分明是達

摩一系的禪宗盛以後偽造的，並不真實。

唐玄宗李隆基開元十六年（七二八），裴漼作的「嵩岳少林寺碑」，提到少林初祖跋陀的弟子，有惠光（一作慧光，又作神光）、道房、稠禪師，等等。據蕭梁初年編寫的《高僧傳》說，跋陀到洛陽去時，看見十二歲的惠光在「天街」（街名）井欄上反踢毽子，一連反踢五百。在井欄上踢毽子是危險的事，站不住就會跌在井裏。跋陀驚異他人小膽大，把它剃度作少林小和尚[4]。據《太平廣記》轉載唐人編的《紀聞》和《朝野僉載》兩部書考出，跋陀剃度的小和尚，多數是愛好體育活動的。《太平廣記》轉載的原文說：「稠禪師初落髮為沙彌時，輩甚眾，每休暇常角力、騰趠為戲，而禪師以劣弱見淩，給侮毆擊者相繼。」[5]角力就是摔跤，騰趠就是跳躍，毆擊就是拳擊。這些在休息時作身體訓練而又淘氣的小和尚們，常常以體質劣弱的稠禪師為拳擊的對

象，跋陀卻放任不管。

我推定《紀聞》和《朝野僉載》所記的這件故事，同出於較早的《稠禪師傳》❻，因此內容相同。如果這個推定不錯，那麼《稠禪師傳》可能出於他的門弟子之手。他的門弟子把稠禪師的發憤練武加以誇大化和神話化，這是古代僧傳屢見不鮮的事。但其中描寫稠禪師練得「筋骨彊勁，拳捷驍武」，並能高躍，卻含有可信的成分在內。

「嵩岳少林寺碑」告訴我們：「稠禪師探求正法，住持塔廟」。嘉靖二年（一五二三），少林住持文載為德心所作的塔記，在銘文中也告訴我們：「缽陁開基，稠禪繼續，元朝雪庭，歸於洞派。」❼可見繼跋陀之後住持嵩山少林寺的，不是達摩一系的二祖慧可，而是跋陀一系「拳捷驍武」的二祖稠禪師。一九五八年七月二十五日中國佛教協會覆本會的信，也說「少林寺初祖為北魏時代的佛陀大師，稱達摩為少林寺

初祖者誤。」元滅金後，達摩一系的曹洞宗福裕（雪庭）開始住持少林，直到如今，洞宗相繼不絕。

「嵩岳少林寺碑」又告訴我們：「此寺……淨供法衣，取給公府。」換言之，北魏時少林僧的衣食是官府供給的。繼南北朝之後的隋王朝，高祖楊堅在開皇年間（五八九—六〇〇）把離寺五十里的柏谷屯地一百頃給少林作廟產，於是少林寺成為一個擁有萬畝田產的大地主。隋煬帝楊廣大業末年，各地農民紛紛起義，少林寺因超經濟封建剝削，成了山區農民起義軍的進攻對象，地主武裝的少林僧掙扎抗拒，廟宇被焚毀得只剩一個塔❽。農民大起義轉為唐王朝統一戰爭時，秦王李世民統率大軍進攻洛陽王世充。王世充在形勢險要的柏谷築成一個轘州城，派他的侄子王仁則防守。卻不料柏谷十三個少林武僧擒捉了王仁則，翻越轘州城投到李世民方面去，為秦王進攻洛陽準備了有利條件。

以上這些史料，記載在「嵩岳少林寺碑」、開元十一年（七二三）「賜田牒」、貞元十四年（七九八）「少林寺廚庫記」裏[9]。從這些唐碑上考宗，全沒有提到少林僧的練武與達摩有任何關係，也沒有提到達摩是少林的初祖和達摩的弟子慧可是少林的二祖。

達摩何時成爲少林初祖

《洛陽伽藍記》作者告訴我們：在北魏孝明帝元詡熙平元年，洛陽永寧大寺「裝飾畢功」之後，菩提達摩曾參觀過此寺及洛陽的修梵寺[10]，這都是作者親見其人其事的記載，記中沒有提到達摩住過少林。

唐太宗貞觀十九年（六四五）編的《續高僧傳》告訴我們：達摩是一個「遊化嵩洛」的遊方和尚，他四五年間的生活，都是他的弟子道育、惠（慧）可「給供咨接」的。「嵩岳少林寺碑」作者告訴我們：達

摩和他的弟子惠可「嘗托茲山」[11]。所謂「茲山」，就是「嵩岳」。與少林寺有關的山就是嵩山少室五乳峰。說達摩「嘗托茲山」而不說「嘗托茲寺」，顯然是山而不是寺，說「嘗托」而不說「寓止」，只能說達摩在五乳峰上暫住過。如果達摩確是少林初祖，北魏時代的少林僧衣食全由官府供給，達摩的四五年間生活不會要弟子們接濟，用不著在嵩洛之間「遊化」。

一九三五年，河北省磁縣城外「二祖塔」下出土而題有「梁武帝撰，大唐元和十二年（八一七）李朝正重建的禪門第一祖菩提達摩大師碑」序裏告訴我們：「大師諱達摩，云天竺人也。莫知其所居，未詳其姓氏：天竺東來，杖錫於秦（遊化山西），以大同二年（五三六）十二月終於洛州禹門山（洛陽伊闕，就是龍門，附會禹治洪水所鑿）。」[12]考達摩一系的禪宗，到開元二十二年（七三四）神會與普寂才發生達摩

袈裟傳法的爭執。碑序中的說達摩的傳法慧可，「命之以執手，付之以傳燈」，沒有說把袈裟傳給慧可，因此這塊碑的初建當在公元七三四年以前。碑序和碑額說達摩是「莫知其所居」的「禪門第一祖」，而不說達摩是少林禪門第一祖，可證達摩既不是少林僧，也不是少林禪祖。由於「嵩岳少林寺碑」曾說過達摩「嘗托茲山」，北宋徽宗時的少林僧在寺西北五乳峰上二三里處立一個庵，由蔡卞寫了「達摩面壁之庵」六個大字刻石其處⑬。元順帝至正七年（一三四七），少林長老息庵把「梁武帝撰」，碑移刻於少林寺內，碑文前有歐陽玄作的「重建蕭梁達摩大師碑敘」，於是「莫知其所居」的達摩一變而為嵩山少林寺的禪門第一祖，但「莫知其所居」的原文卻沒有改掉⑭。

說達摩「寓止於嵩山少林寺」的《景德傳燈錄》，註明「事具寶林傳及聖冑集」⑮。如果附會達摩「寓止於嵩山少林寺」出於唐德宗李適

貞元十七年（八〇一）智炬的《寶林傳》和唐昭宗光化（八九八—九〇〇）初年玄律的《聖胄集》，依時間來排列，附會是這樣產生的：「嵩岳少林寺碑」說的「嘗托茲山」，《寶林傳》變為「寓止於嵩山少林寺」。後出的《聖胄集》→《景德傳燈錄》，都從《寶林傳》抄襲而來。

十八羅漢手的附會

考出《少林宗法》的著作年代，也就連帶考出什麼時代開始附會「十八羅漢手」為達摩所傳。從《宗法》理論上考察，證明這部書作於十九世紀末葉，從而也證明「十八羅漢手」的附會達摩就在同一個時期。

書中採用日本柔術名稱《宗法》作者在第一編裏說：「術以柔為

貴。」接著又說：「出手不知師法，舉步全無規則，既昧於呼吸運使之精，復不解剛柔虛實之妙」的「下乘拳技，不得混以柔術稱之」[16]。從以上理論可以看出，這部書裏採用日本柔術來改稱我國拳術，是本於「術以柔為貴」這個基本理解出發的。「不得混以柔術稱之」，是演繹出來的結論。要不是《宗法》作者曾和日本人接觸過，不會採用這個名稱。

書中採用日本武士道理論：《宗法》第一篇「以參貫禪機，超脫於生死怖之域」為柔術「極致所歸」的理論，第八篇以「解脫生死」為少林「內功」的理論[17]，無一不出於日本武士道，在《宗法》以前我國出版的少林武術書中是根本沒有的。「超脫生死」的日語為「生死を超脫する」，源出於日本寶永七年（一七一一）享保元年（一七一六）之間的山本常朝語錄《葉隱》這部書裏。常朝為九州佐賀的鍋島藩家臣，

學禪於湛念和尚，四十二歲出家，是十八世紀初年的封建武士。他的理論，被後出的《武士禪機緣集》等書所發揮[18]。日本明治時代利用這類封建武士道理論麻醉其本國人民作炮灰，以達到軍國主義侵略的目的——特別對中、朝兩國。要不是《宗法》作者曾和明治時代的日本人接觸過，不會採用這種理論。

書中的五拳即洪拳：主編《天鐸報》副刊的陳鐵生說，在辛亥革命前夕未刊出的《宗法》「圖像手法，純是廣東之洪拳」[19]。洪拳是洪門假託少林傳習的一種拳術。在清朝，加入洪門時要作如下的問答：「武從何處學習？在少林寺學習。何藝為先？洪拳為先。」又：「爾武從何處所學？武從少林寺學。學乜件為先？洪拳為先」[20]。同盟會和中華革命黨的洪門秘書，也有這樣的回答[21]。《宗法》第六篇和第九篇，以「洪門」為拳中的正門，即暗示此拳的來歷。由此可以推定，《宗法》

作者是洪門中的成員。

《宗法》作者接觸的日本人：一九五六年十一月十日，《中國青年報》四版曾刊載孫中山、鄭士良、陳少白等合攝的一張照片，並附以說明：「一八八五年中法戰役，中國失敗，給孫中山以很大刺激。在這一時期，他結識三合會（洪門）首領鄭士良和陳少白等人，倡導革命。」據《中國秘密社會史》作者說，日本宮崎寅藏、可兒長一、平山周、山田良政是在光緒二十三年（一八九七）參加孫中山領導的資產階級民主革命的㉒。《宗法》作者可能在一八九七年就和他們有過接觸。

《宗法》作者與孫中山的思想：《宗法》作者在第二篇中說：「吾宗之練習此術（洪拳），乃有愛國思想存乎其間，誠恐筋肉廢弛，不能報國，東海可移，此志莫易，磨煉筋骨，留以有待，故吾人夙夜孜孜，以俟機會。」孫中山在自傳裏說：「二十餘年之前，革命之成否尚有問

題，故未敢表示興中會之本旨為傾覆滿清者。」興中會會章第八條，稱其籌集革命運動的經費為「愛國之誠」㉓，《宗法》稱其革命活動「有愛國思想存乎其間」，這正和孫中山的初期革命活動思想一致。

《宗法》作者的附會：根據《宗法》作者的採用日本柔術這個名稱和日本武士道理論以及表現的思想，我推定這部書的著作時期當在公元一八九七年之後的興中會革命運動時期。作這部書的目的，在於聯絡洪門成員參加孫中山領導的資產階級民主革命。

但「辛亥革命前後以孫中山為代表的知識分子，由於他們身受狹隘的資產階級利益的局限性，這種舊民主主義的革命便不能不以失敗告終。」㉔

根據以上考證，現在來對「十八羅漢手」的附會達摩作分析。《宗法》第八篇說明「十八羅漢手」「挽弓開胸」一勢：「此與世俗所傳之

八段錦中『左右開弓如射雕』正復相類。」[25]這一種八段錦，最早出版的是上海同文書局石印本。

從《中國近代出版史料》二編考出，同文書局的開設在光緒七年（一八八一）[26]。《宗法》所說的「世俗所傳之八段錦」，襲用光緒十六年（一八九〇）盛宣懷《幼學操身》序文中「世俗所傳八段錦」之語而加上一個「之」字[27]，這是我推定《宗法》作於一八九七年之後的興中會革命運動時期的一個佐證。附會達摩在少林傳「十八羅漢手」的《宗法》第八篇，其中有日本武士道理論，這是我推定《宗法》作於一八九七年之後的興中會革命運動時期的又一個佐證。十八手的附會達摩，從而也可以推定在這個時候。

繼起的附會：一九一五年出版的《少林拳術秘訣》，它的第九章就是《宗法》的第八篇，所以附會相同[28]。一九一九年出版的《中國體育

史》作者，輕信行銷近三十版的《秘訣》「十八羅漢手」的附會是真事，在第四編第三章裏作出結論說：「少林拳實始於達摩之十八手，其動作姿勢為（少林）拳術之基礎，後人推衍，終不能畔其藩籬。」

又在第十編第二章裏作出結論說：「技擊之為術雖古，而有一定之成法足資人以學習，則自少林始。達摩之羅漢十八手為拳術之基礎，故我國國技之發達，以釋家之功為巨。即宋人之八段錦，亦自達摩十八手脫胎而出——如所謂『兩手擎天理三焦』，即『朝天直舉』之二手，『左右開弓如射雕』，即『挽弓開膈』之一手，可知吾國體操術之發明，皆釋氏之力矣。」㉙

把十九世紀末葉附會達摩的「十八羅漢手」，當做六世紀時達摩所創所傳，作出的結論自然不會對頭。達摩根本沒有傳過什麼體操給少林僧，我國的體操和拳術遠在達摩之前就有自己的發展歷史，與達摩毫不

相干。宋朝的坐式八段錦，還沒有「兩手擎天理三焦」和「左右開弓如射雕」這類名稱。開始有這兩個名稱的立式八段錦，出現於公元一八八一——一八九〇年之間，「十八羅漢手」裏面類似的三手，只能說它脫胎於立式八段錦，這才不至於顛倒事實。

我國拳術的基礎，我國體操的發明，何嘗「以釋家之功為巨」，何嘗「皆釋氏之力」。前面所說五世紀末少林小和尚們愛好的摔跤、跳躍、拳擊，都是我國早有的體育活動，也不是跋陀從印度帶來。十九世紀末葉洪門附會的達摩傳「十八羅漢手」給少林僧是假托的。洪門成員並不是少林僧，更談不到它的傳播是「釋家之功」和「釋氏之力」。

（一九五八年《中國體育史研究資料》）

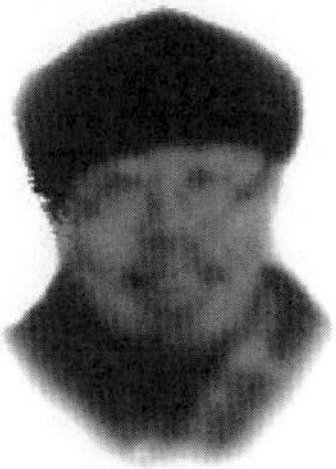

【註釋】

❶陳鐵生：「武庫」，《國技大觀》雜俎類。

❷樂史：《太平寰宇記》。

❸道原：《景德傳燈錄》。

❹慧皎：《高僧傳》。

❺李昉等：《太平廣記》。

❻劉昫等：《舊唐書》，經籍志。

❼裴漼：「嵩岳少林寺碑」（此碑在寺內鐘樓前）。文載：「敕賜祖庭少林禪寺都提舉德心政公和尚靈塔記」（此碑在寺西少林塔墓間）。

❽「嵩岳少林寺碑」。

❾同❽。又「賜田牒」：顧少蓮：《嵩岳少林寺新造廚庫記》。

⑩楊衒之：《洛陽伽藍記》。
⑪道宣：《續高僧傳》。又同❽。
⑫「禪門第一祖菩提達摩大師碑」。
⑬實地調查。
⑭息庵：「重建蕭梁達摩大師碑」，碑首歐陽玄序。
⑮同❸。
⑯無名氏：《少林宗法》。
⑰同⑯。
⑱神永文三：《武士道死生觀》。橋本實：《日本武士道史》。
⑲同❶。
⑳《近代秘密社會史料》。
㉑《洪門秘書》。

㉒平山周：《中國秘密社會史》。

㉓同⑯。又《孫中山自傳》。

㉔劉導生：「必須是又紅又專」。

㉕《國技大觀》，專著類。

㉖張靜廬：《近代出版史料》二編。

㉗《幼學操身》，盛宣懷序。

㉘尊我齋主人：《少林拳術秘訣》。

㉙郭希汾：《中國體育史》。

中國醫療體育概述

中國的醫療體育，大體上可分為按摩類、體操類和拳套類三種。這三種醫療體育，和其他各門類醫科一樣，由於歷史條件的限制，雖未獲得現代科學水準的理論和概括，但它們的療效是已經為實踐證明了的。我們首先應當肯定它們的療效，然後再用現代科學知識加以整理和提高，更好地運用它們來為人民的健康事業服務。

這篇概述，志在介紹一些中國醫療體育的內容、目的、歷史、書籍及其國際影響。

就中所舉醫籍，如何全面地、系統地把它們整理出來，用蘇聯先進

的醫療體育科學加以提高，這要期望於專業研究醫療體育的中國醫務工作者和體育工作者。

一、按摩和體操類的醫療體育

按摩類的醫療體育，不限於對皮肉經絡抑按推拿扣打等動作，還包含著對身體四肢的屈伸開合旋轉那類運動。這些動作屬於被動性質的，應歸入按摩類，屬於自動性質的，應歸入體操類。

體操類的醫療體育，內容除前一類自動性質的運動外，還包含著深呼吸運動和對抗運動，等等。

要證明中國醫療體育上述這些具體內容和分類是否適當，必須引據若干古文獻作說明。

（一）按摩類的醫療體育

按摩的另一名稱為「折枝」，見《孟子・梁惠王》上「為長者折枝」一名。長者，指老年人。後漢趙岐注釋「折枝」的內容為「按摩和屈伸手關節」，療效為「解除疲勞」。《孟子》作者孟軻，生於公元前三七二（年），死於公元前二八九（年），可見按摩類醫療體育，早在公元前三四世紀廣泛地流行於家庭之間。這種醫療體育，源遠流長，現在還行於民間。以此為專業者，除各大城市的推拿醫生外，福建閩侯和浙江永嘉一帶的街頭按摩師，是相當有名的。

推拿為十六世紀後起的名稱，實際上就是按摩。「按摩」二字，最早見於《韓詩外傳》。《韓詩外傳》作者，他是漢文帝時代（公元前一七九—公元前一五七）的博士，此書係根據先秦文獻編寫的。按摩推拿

的動作不限於字面，它與《史記・扁鵲列傳》內的「撟引」和「案抏」具有相同的內容。唐代司馬貞《史記索隱》注釋「撟引」為「按摩之法，夭撟引身如熊顧鳥伸」；注釋「案抏」為「按摩而玩弄身體使之調適」。戰國秦漢間人託名黃帝所作的《內經》，在《異法方宜論篇》內合稱「撟引」和「案抏」為「按蹻」。唐代王冰注釋前一字為「抑按皮肉」，注釋後一字為「捷舉手足」。此外，尚有宋代王應麟考證《漢書・藝文志・黃帝岐伯按摩》一書，引據三世紀三〇年代「五捶之鍛」的扣打法，作為按摩類醫療體育具體內容之一。

（二）體操類的醫療體育

這一類醫療體育的具體內容，和前一類一樣，也散見於各書。《莊子內篇・大宗師第六》記載古人所行的深呼吸運動：「古之真人……其

息深深。」莊子把真人作為「眾人」的對稱，「眾人」為不練深呼吸運動的人們。息，就是呼吸。《楚辭・遠遊》說明呼吸運動：它的效果能使「精氣入而粗穢除」，達到「精純粹而始壯」。以現代語來解讀，即攝取氧排出二氧化碳的呼吸運動，能使身體強壯。

《史記・留侯世家》記張良「多病，常辟穀道引。」道引即「導引」，它是結合呼吸運動的醫療體操，公元六一〇年巢元方等所編的《諸病源候論》，引養生方的對抗運動：「長伸一足，屈一足兩手抱膝三里，努膝向前。」三里原為針灸穴名，這裏指小腿中部。宋代張君房《雲笈七籤》卷三十六內的玄鑒導引法，引晉代葛洪所著的《抱朴子》說：「導引秘經千有餘條，或以逆卻未生的眾病，或以攻治已結的篤疾，行之有效，非空言也。」宋代裴駰《史記集解》注釋「道引」，以為即「靜居行氣」。如以葛洪之前的導引秘經多至千有餘條來判斷，道

引不僅僅限於呼吸運動。《淮南子・精神訓》說：「吹呴呼吸，吐故納新，熊經鳥伸，鳧浴猿躩，鴟視虎顧，是養形之人。」養形，即作體育鍛鍊。前漢人假託莊子所做的《刻意篇》，後漢人崔寔所做的《政論》，說明做這種運動的目的：在於「為壽」，在於「延年」。

漢獻帝時代（公元一九〇—公元二二〇）的名醫華佗，他去一鳧浴，改鴟為鹿，把六禽戲編成五禽戲。他說五禽戲能使人「難老」，能使人「除疾」。歸納以上諸家闡明中醫醫療體育的積極作用：(1)為壽即延年益壽；(2)逆卻眾病即預防諸病；(3)攻治篤疾即醫療疾病。換言之，中國的醫療體育是長壽法、卻病法和療病法的綜合。

（三）戰國以前的中國醫療體育

《莊子・內篇》作者莊周和《楚辭遠遊》作者，與孟軻同時代而稍

後。《淮南子》作者劉安和《韓詩外傳》作者韓嬰，他們都是公元前二世紀時人。他們記載下來的醫療體育雖僅片段，但已具備了分類的基礎，而且得以推定中國的醫療體育是在戰國以前發展來的。要知道戰國以前中國的醫療體育，必須把《史記・扁鵲傳》做進一步的研究。司馬遷死後，他偉大的遺作《史記》，方始由他的外孫楊惲宣佈於世。《史記》流傳以後，陸續經過許多人刪削竄補，已由前人指出，《扁鵲列傳》亦復如是。列傳先總說扁鵲「為醫，或在齊或在趙」，然後接著敘述扁鵲在趙，「其後扁鵲過虢」，過齊行醫。

其一，總說中沒有「或在虢」三字，因此我認為「其後扁鵲過虢」行醫這段事蹟，是後人竄補的。其二，年代顛倒，《史記》其他列傳有不少例子，扁鵲過虢行醫這段事蹟，若是原文，不能拘泥文字加以否定。其三，若是原文被後人竄亂，那麼「其後扁鵲過虢」行醫這段事

蹟，可能在上引總說之前。

依此三說，我不同意范文瀾同志在《中國通史簡編》中把扁鵲列為戰國時代民間的著名醫生。我認為扁鵲過虢行醫這段事蹟，《史記》和《韓詩外傳》作者都根據先秦文獻寫成，不是司馬遷及其前輩韓嬰杜撰出來的，所以扁鵲的時代應列在戰國之前。

那麼，先秦文獻所記的這一扁鵲究竟是什麼時代民間的著名醫生呢？唐代張守節《史記正義》早就提出問題。他說：「陝州城是一古虢國。陝州河北縣東北下陽故城是晉獻公所滅的又一古虢國。洛州汜水縣是古東虢國。扁鵲離趙的時候，三虢並滅，未知扁鵲過的是哪一個虢國？」晉代的傅玄也把扁鵲的時代看成問題，但他認為病者不是虢太子，「虢後改稱郭，春秋有郭公，扁鵲醫療的是郭太子。」

據陳夢家同志《西周年代考》表五，東虢於公元前七七一年滅於

鄭，西虢於公元前六八九年滅於秦，北虢於公元前六五五年滅於晉。據姚彥渠《春秋會要》卷一世系，「莊二十四年郭公，胡傳（宋胡安國《春秋傳》）以為郭亡」，則郭亡在公元前六七〇年。依上年代推斷，過虢行醫這一扁鵲，我推斷他是公元前七七一年之前或公元前六五五年之前民間著名的醫生。所以，見於《史記・扁鵲列傳》的「撟引」和「案抏」，見於《韓詩外傳》卷十的「按摩」，我推斷它是公元前七七一年之前或公元前六五五年之前的醫療體育。至於公元前六五五年之後有幾個同名的扁鵲？是不是為了當時「醫不三世不服其藥」的關係而同名，都不涉本題範圍，沒有必要再往下研究。蘇聯醫療體育專家и. м. сарки30в–сера3ини博士，一九五四年在他編寫的一本醫療體育書中說：「具有預防和治療作用的醫療體育的發展史，在遠古時代就已經有了。古代各民族，特別是東方民族都利用體操來醫療各種疾病和增強體

質。」他並指出公元前六百年，中國已運用「對身體發生積極作用這一原則」的醫療體操。我之所以不避繁瑣來考證，目的在提供一種史料作為參考。

（四）中國古代的醫療體育學校

蘇聯醫療體育專家и. м. саркизов–серазини博士，在他的著作中，述及「古代的中國有醫療體育學校；在這種學校裏，不僅研究醫療體育和按摩，並且實際運用他們來醫治病人。」上述有關史料，散見於《隋書百官志》、《舊唐書職官志》，《新唐書·百官志》和《唐六典》。

（五）中國醫療體育和國際影響

1.日本在公元七〇一年頒佈的大寶令中，規定了設立醫療體育學校

來傳習中國的醫療體育和用它來醫治病人。採用的醫療體育，即隋代中國醫書《諸病源候論》中所引的養生方導引法。

2. 公元九八五年，日本丹波康賴編寫的《醫心方》，書中的醫療體操內容與前書相同。唐宋以後傳到日本去的醫療體育，多不勝舉，從略。

3. 宋代林億所編的孫思邈（公元六〇一—公元六八二）《備急千金要方》，採用天竺國按摩法作為醫療體操。天竺國，即我們的鄰邦印度。

4. 蘇聯醫療體育專家и. м. саркизов–серазини博士，在他的著作中，述及「德國生理學家дюбуа район證明瑞典式醫療體育，是林氏在相當大的程度上採取十六世紀譯成拉丁文的中國體操法引用到他的醫療體育裏的。」

5. 一九一六年王懷琪改訂的（立）八段錦，作為中國體操學校教材，德人Dlem譯為德文出版。

（六）中國醫療體育書籍舉略

由於不可能以幾千字的篇幅詳述中國醫療體育及所有有關書籍的內容，現在盡可能把尚存而為我所知道的醫書提供研究，同時說明一些附會其說而實際有療效和增強體質的醫療體操。

甲、醫　書

1.和《黃帝雜子步引》、《黃帝岐伯按摩》兩部醫療體育書一同著錄於《漢書・藝文志》內的戰國秦漢間人託名黃帝所做的《內經》，書內概括地說明了醫療體育的療效。可惜多至十二卷的《黃帝雜子步引》和多至十卷的《黃帝岐伯按摩》已經失傳，無從徵引。

2.前文幾次稱引的《諸病源候論》，內載戰國秦漢到南北朝的醫療體操三百多條。

3.唐代王燾編寫的《外台秘要》，書中轉載《諸病源候論》的醫療體操百多條。

4.宋代林億所編的孫思邈《備急千金要方》，內載天竺國按摩法和老子按摩法。唐王朝因為同姓的關係崇奉老子，所以後一種按摩法假托老子。

5.明代王璽編寫的《醫林集要》，內有醫療體育法，後來為李梴編寫的《醫學入門》所採用。周於蕃編寫的《小兒推拿秘訣》和《陳氏小兒按摩經》都是明代兒科按摩專書。周岳甫編寫的《小兒推拿秘訣》，未見其內容，不知與周於蕃的著作是否一書。（編者：周於蕃，一作子蕃，字岳夫，一字岳甫，明代湖北蒲圻縣人，明代醫家。周於蕃、周岳甫實為一人。）

6.清代汪昂編寫的《醫方集解》和沈金鼇編寫的《沈氏遵生》，其

中的醫療體育都輯自古書。龔雲林編寫的《小兒推拿活嬰全書》，張振鋆編寫的《厘正按摩要術》，熊運英編寫的《推拿廣意》，駱如龍編寫的《推拿秘旨》和夏雲集編寫的《增圖考釋推拿法》，他們為了適應兒科某些急性、慢性疾病，繼承了前代醫家累積的經驗，更發展地以民間的小兒為對象利用按摩來代藥治。

乙、非醫書

這一類書籍，單作一索引式的書目，即可寫成一部相當於《四庫全書》未收書目那樣分量的提要，其具體內容的豐富，不難想見。本節限於篇幅，只能把現尚流行而被人附會其說的醫療體育略舉一些。

1. 北宋末年流傳至今的坐八段錦，原無撰人姓氏，明代萬曆十九年出版的《遵生八箋》題為青柔真人，可能得自此人所傳。

2. 明代出現的一部《易筋經》，託名為達摩原作和般刺密帝譯義，

般剌密帝這個人物，是唐武后神龍元年中國佛教徒寫作《大佛頂首楞嚴經》的時候假造出來的。書內有李靖一序，稱般剌密帝譯義；李靖死於神龍之前五十六年，可見此序是偽托。又有牛皋一序，名不錯而字錯，籍貫官職都錯。若出牛皋手筆或幕友代筆，怎會弄錯，可見牛序也是偽托。又海岱遊人一序，涵芬樓本題「順治辛丑」作偽者不知元朝至中統八年方始改國號「蒙古」為「大元」，把它改題「大元中統元年庚申」，序不假而年代不真。書末有天啟四年天臺紫凝道人宗衡一跋（祝文瀾本），沒有材料證明它出於偽托。依跋中「予讀易筋經義」一語來推定，此書可能在天啟以前出現。從明代歷史情況和書內採戰部分來判斷，分明是方士迎合帝王、貴族、官僚以及地主們的荒淫無恥生活假托達摩所作，借此作為「終南捷徑」和取得供養的。此外，假托的證據甚多，沒有必要再往下寫。

3.咸豐八年潘蔚編寫的《衛生要術》（後出的《內功圖說》，內容相同），書內的十二勢採自道光年間宋章氏增補的《易筋經》，原書說「此功昉自釋門」，不言何人，而潘霨開始假托達摩。

4.光緒十九年出版的《中外衛生要旨》，書內易筋經圖說二十二勢，其中十二勢出自光緒初年梁世昌跋本易筋經圖說。前出的梁跋本不題撰人，後出的《中外衛生要旨》附會達摩。更後出的裕記書莊本，又增二勢。

5.一九一五年出版的《少林拳術秘訣》，書內的達摩十八手強身術，原文說明其中「挽弓開膈」一手，與光緒初年「所傳的（立）八段錦『左右開弓如射雕』正復相類」，可見十八手是在光緒初年之後才附會達摩的。辛亥革命以後，陸續出現的，還有《達摩劍》和《達摩派拳訣》等書，都假托一千幾百年前達摩所傳。

把戰國秦漢以來的醫療體育書籍作一概括說明：其中僅一小部分編者有姓名可考，絕大部分編者不知姓名。這是人類社會長期歷史發展中世代繼承和積累起來的遺產，雖然絕大部分被人假托附會，但它們對身體發生積極作用的某些部分，是應當接受過來加以整理和提高的。

二、拳套類的醫療體育

拳套類的醫療體育，不限於太極拳一種。因為四五十年來太極拳比較廣泛地被人們利用於醫療疾病，所以先作介紹。

（一）太極拳的組成

《太極拳譜》中有一篇後改的「太極拳釋名」，說明太極拳「一名長拳，一名十三勢」。因為長拳失傳，因此有人認為十三勢就是長拳，

長拳就是十三勢。依據河南溫縣陳溝保存的長拳歌譜和在北京發現的長拳圖譜來判斷，所謂「一名長拳，一名十三勢」，應解讀為「一套名長拳，一套名十三勢」。推手分為單手、雙手、定步、活步等幾種，是太極拳中的對抗運動。這幾種對抗運動是依照太極拳譜內「推手歌」規定的動作，使對方失去重心的一種競賽。

（二）太極拳的練法

長拳久已失傳，後編的雖不是本來面目，但它的練法與現行的十三勢相同。十三勢有開展的架子，有緊湊的架子，也有介乎開展緊湊之間的架子。所有這些架子是從太極拳「先求開展，後求緊湊」發生出來的。架子雖分開展緊湊，練法上的要求是同一的。

推手為太極拳的對抗運動，為了循序漸進，所以有單手、雙手、定

步、活步幾種。它們的練法：

1. 十三勢的動作和呼吸（腹式自然呼吸），要求均勻緩慢而深徐，所以刪去跳躍動作（二起腿）的架子，練完全套雖然需要二三十分鐘，能氣不喘而汗流。推手的動作，雖然要求「動急則急應，動緩則緩隨」，但呼吸仍均勻而深徐，所以也能氣不喘而汗流。

2. 十三勢由許多不同的姿勢結合為套子，練的時候，轉接處要求一氣串成，不使有斷續，並要求滿身輕利靈活。

3. 呼吸與動作的結合是：合和蓄的動作為吸，開和發的動作為呼；起的動作為吸，落的動作為呼。

4. 要求身動而心靜，周身練成一動無有不動，觸之旋轉自如，所以身子不可亂挪，手腳不可亂換，神經不可緊張。

5. 周身的動作，上與兩胳膊相繫，下與兩胯腿相隨。兩肩要鬆

開，腳手要相隨，運動在兩肩而主宰於腰，腰的動作要活似車軸，由腳而腿而腰須完整一氣。

6. 步隨身換，進退要有轉合，邁步如同貓行那樣輕靈。

7. 每一動作要求保持重心，所以要注意全身沒一處有凹凸，要注意立身中正不偏，因此尾閭首先要中正。

8. 由於動作和呼吸的均勻緩慢，內臟的運動也均勻緩慢，所以特別適宜於體弱有病的人。

9. 每一動作都要求肌肉放鬆。

10. 每一舉手要作弧形，反覆（舊稱陰陽）都如此，所以兩肘要求下垂，上下左右前後如是，屈伸開合縱放也如是。

11. 頭部頸部因視線跟著每一動作的轉移而獲得運動，眼球也是如此。

12. 腿肌的伸展與收縮運動用步法腿法的進退變轉以及平衡運動來調

節。

13.對抗運動推手，是訓練神經系統對皮膚分析器和運動分析器達成敏感的方法。

14.單練的十三勢，在「勢勢留心揆用意」的要求上，訓練全副精神集中注意。總起來說，十三勢和推手是一種整體性和內外統一性的運動。早在百年以前，「十三勢歌」作者即指出練太極拳的目的，在於達到「益壽延年」。

（三）太極拳的來源

過去有些人附會太極拳傳自北宋末年的仙人張三峰或元明之間的仙人張三手。由於「峰」、「手」二字和「豊」字讀音相近，附會者有時把它寫作張三豊。就附會的材料做客觀的分析，不但反映出他們反對革

命運動的思想，而且他們極力宣傳迷信，宣傳宗派。此等殘餘思想，解放後還不斷暴露出來。

介紹太極拳的真實來源，對這些人進行教育是有必要的。太極拳的產生，在戚繼光之後，王宗岳之前。戚繼光為十六世紀時人，王宗岳為十八世紀時人（據《陰符槍譜・序》考出）。長拳各勢的名稱，與戚繼光《紀效新書》內三十二勢拳經相同者，有懶紮衣等二十九勢；十三勢各勢的名稱，綜合一脈相傳的各種架子拳譜考出，與戚繼光《拳經》相同者，有懶紮衣等十三勢。懶紮衣一勢，被訛為「攬雀尾」。長拳的歌訣，直採戚繼光《拳經》者，有「七星勢手足相顧，邱劉勢左搬右掌，獸頭勢如牌換進，朝陽手偏身防腿，跨虎勢挪移發腳，當頭炮勢衝人怕」等名。早於戚繼光六個世紀的張三峰和早於戚繼光兩個世紀的張三丰，都不可能採用戚繼光《拳經》中的拳勢和歌訣來編太極拳，可見太

極拳的產生，必然在戚繼光之後。王宗岳引用「推手歌」中「四兩撥千斤」這一句，在《太極拳論》中說：「察四兩撥千斤之句，顯非力勝。」推手是太極拳的組成部分，推手歌在王宗岳之前就有，可見太極拳的產生，必然在王宗岳之前。

另外有些人附會太極拳即內家拳，其實內家拳是以「六路」和「八段錦」兩個拳套組成的，它的練法和拳勢名稱等等，根本和「長拳」與「十三勢」不同。

戚繼光《拳經》是採擇民間十六家拳法中三十二勢編成的，不出於戚繼光個人。推本溯源，從群眾中來的太極拳，現在用科學知識來提高它，到群眾中去為人民的健康事業服務，只有在中國共產黨和毛澤東領導的新中國，才具備此等條件。

歡迎至本公司購買書籍

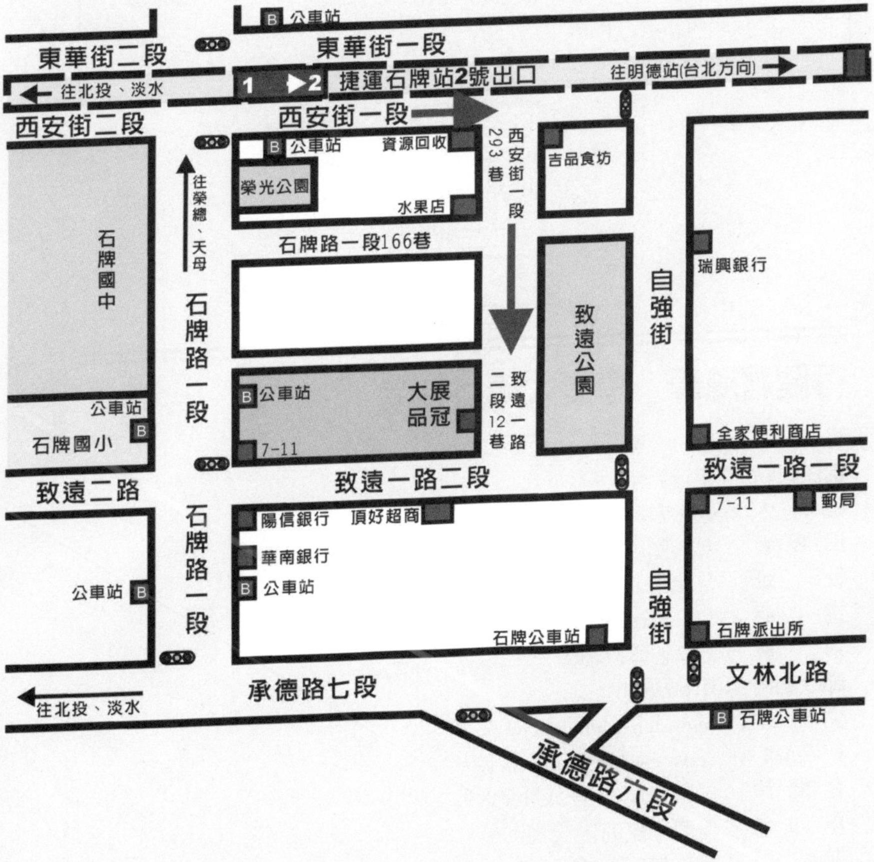

建議路線

1.搭乘捷運・公車

淡水線石牌站下車，由石牌捷運站２號出口出站(出站後靠右邊)，沿著捷運高架往台北方向走(往明德站方向)，其街名為西安街，約走100公尺(勿超過紅綠燈)，由西安街一段293巷進來(巷口有一公車站牌，站名為自強街口)，本公司位於致遠公園對面。搭公車者請於石牌站(石牌派出所)下車，走進自強街，遇致遠路口左轉，右手邊第一條巷子即為本社位置。

2.自行開車或騎車

由承德路接石牌路，看到陽信銀行右轉，此條即為致遠一路二段，在遇到自強街(紅綠燈)前的巷子(致遠公園)左轉，即可看到本公司招牌。

國家圖書館出版品預行編目資料

行健齋隨筆　唐豪太極少林考／唐豪　著
——初版，——臺北市，大展，2014〔民103.05〕
面；21公分 ——（唐豪文叢；3）
ISBN　978-986-346-016-9（平裝）
1.武術　2.太極拳
528.97　　　　103004223

行健齋隨筆　唐豪太極少林考

著　　者／唐　豪
責任編輯／王躍平
發 行 人／蔡森明
出 版 者／大展出版社有限公司
社　　址／台北市北投區（石牌）致遠一路2段12巷1號
電　　話／（02）28236031・28236033・28233123
傳　　眞／（02）28272069
郵政劃撥／01669551
網　　址／www.dah-jaan.com.tw
E-mail／service@dah-jaan.com.tw
登 記 證／局版臺業字第2171號
承 印 者／傳興印刷有限公司
裝　　訂／承安裝訂有限公司
排 版 者／弘益電腦排版有限公司
授 權 者／山西科學技術出版社
初版1刷／2014年（民103年）5月

定價／220元

大展好書　好書大展
品嘗好書　冠群可期

大展好書　好書大展
品嘗好書　冠群可期